COLECCIÓN DEPORTE

ATLETISMO

Iniciación y perfeccionamiento

Por

Vitaliy Polischuk

Profesor del Instituto de Cultura Física de Kiev

Revisado y adaptado por

Antonio J. Ruiz Villar

Licenciado en Educación Física
Entrenador Nacional de Atletismo

EDITORIAL PAIDOTRIBO

Traducción: Olga Gridtchina

© Vitaliy Polischuk
   Editorial Paidotribo
   C/ Consejo de Ciento, 245 bis, 1º1ª
   08011 Barcelona
   Tel. (93) 323 33 11 – Fax. (93) 453 50 33

Primera edición:
ISBN: 84-8019-282-8
D.L.: B-27773-96
Fotocomposición: Editor Service, S.L.
Diagonal, 332 – 08013 Barcelona
Impreso en España por Hurope, S.L.

ÍNDICE

Sobre el autor..5

Introducción...7

CAPÍTULO I
Descripción de las disciplinas del atletismo actual 11

CAPÍTULO II
El desarrollo de las capacidades de velocidad de los atletas..................15

CAPÍTULO III
Preparación de la fuerza en el entrenamiento de los atletas 29

CAPÍTULO IV
El desarrollo de la resistencia en los atletas..69

CAPÍTULO V
La flexibilidad del deportista y la metodología de su desarrollo............99

CAPÍTULO VI

Capacidad de coordinación de los deportistas y metodología de su desarrollo 125

CAPÍTULO VII

Ejercicios de iniciación y específicos en las modalidades cíclicas de atletismo 155
- Ejercicios de iniciación y específicos para los corredores de distancias cortas 157
- Ejercicios de iniciación y específicos para los corredores de distancias con vallas 173
- Ejercicios de iniciación y específicos para los atletas especializados en la marcha 198

CAPÍTULO VIII

Ejercicios de iniciación y específicos en las modalidades acíclicas del atletismo 205
- Ejercicios de iniciación y específicos en los saltos de longitud y triple ..207
- Ejercicios de iniciación y específicos en los saltos de altura.................212
- Ejercicios de iniciación y específicos en los saltos con pértiga 217
- Ejercicios de iniciación y específicos en los lanzamientos de jabalina 234
- Ejercicios de iniciación y específicos para los lanzadores de disco......241
- Ejercicios de iniciación y específicos para los lanzadores de peso.......251
- Ejercicios de iniciación y específicos para los lanzamientos de martillo 260

Bibliografía 265

SOBRE EL AUTOR

Vitaliy Polischuk

profesor de la Universidad estatal de Ucrania de educación física y deporte, trabajador célebre de la cultura física y deporte de Ucrania.

En el presente libro se ha propuesto sistematizar el rico arsenal de ejercicios de iniciación y específicos acumulado en el actual atletismo, y presentarlos en una forma más cómoda para su aplicación práctica.

El contenido de este libro puede ser muy útil –tanto como ayuda informativa y metodológica– para los entrenadores y deportistas-atletas como para los profesores de la educación física que practican esta modalidad deportiva.

INTRODUCCIÓN

El atletismo, algunas de cuyas disciplinas se remontan a la época de la Antigua Grecia, es una de las modalidades deportivas más populares del mundo. La Federación Internacional de Atletismo engloba más de 200 federaciones nacionales incluyendo una gran cantidad de países que incluso sobrepasan en número a los del Comité Olímpico Internacional.

En el programa de los Juegos Olímpicos, el atletismo aparece como una de las disciplinas deportivas de mayor envergadura, perteneciéndole 43 de las actuaciones incluidas en el programa de las Olimpíadas, lo que supone un 15 % del total de actuaciones programadas. En consecuencia, los resultados de los atletas en las competiciones olímpicas son decisivos al realizar el cómputo final de las Olimpíadas.

Pero no sólo la competición atlética que tiene lugar en los Juegos Olímpicos, sino también el Campeonato Mundial de Atletismo reúnen un gran contingente de espectadores, convirtiéndose en una de las razones de peso para que cualquier país que se precie de practicar una preparación olímpica de élite se oriente hacia una forma de deporte tal como el atletismo.

No en vano, el atletismo se erguía como uno de los deportes reyes en la ex URSS y ex RDA y, en la actualidad, continúa emergiendo en Rusia, Ucrania, EE.UU. y otros países.

Destacamos, además, que el atletismo y, en particular, las carreras de todo tipo, gozan de más estudios científicos y metodológicos, de una infinidad de investigaciones en el campo de la biomecánica deportiva, de la medicina deportiva, de la fisiología deportiva, de la psicología deportiva de los sistemas del entrenamiento, etc., incluyendo además trabajos relacionados con la utilización y el control en la preparación específica de los deportistas en alta montaña o en montañas de altura media, entrenamientos en condiciones calurosas, frío, etc.

En este sentido, las investigaciones efectuadas a raíz del material aportado por el atletismo pueden ser únicamente comparables a las suministradas por la natación, donde también se realizan una enorme cuantía de investigaciones científicas prácticas.

A lo largo de muchos años, un gran número de especialistas-entrenadores expertos han creado y desarrollado, con grandes esfuerzos, las bases científicas del atletismo. Y con la misma dificultad, notables entrenadores de distintos países trabajan con diversos procedimientos de entrenamiento que permiten asegurar a los deportistas un perfeccionamiento positivo de su técnica y desarrollar las diversas cualidades motoras que, en conjunto, les garantizaran la posesión de los grandes logros demostrados ahora en competiciones de atletismo.

Precisamente, el enorme arsenal de medios de entrenamiento, la riqueza de los ejercicios realizados, el amplio espectro de su influencia en uno u otro sistema funcional del organismo del deportista, en los distintos elementos de su movimiento, etc., todo ello determina, de un modo significativo, los resultados obtenidos en el atletismo que, en muchas de sus modalidades, aumentan sin cesar.

Incluso en aquellas modalidades en las que ya hace tiempo se pronosticaba una estabilidad en los récords (por ejemplo, en la carrera de 100 m), los resultados continúan mejorando. Y un sinfín de récords testimonian que aún se está muy lejos del límite de las posibilidades humanas.

Sin embargo, el gran complejo de medios utilizado en el entrenamiento atlético, particularmente en los ejercicios físicos, todavía no está lo suficientemente sistematizado.

Dependiendo de los países se utilizan diversas metodologías de desarrollo de dicho arsenal.

Por desgracia, en la práctica mundial, no se hace el debido uso de la rica experiencia de la escuela de atletismo que fue creada en la ex URSS, a pesar de que, en su época, alcanzó innumerables éxitos en las competiciones internacionales. Además, a lo largo de muchos años, la experiencia de la ex RDA estuvo cerrada al exterior sin tener en cuenta que el atletismo también intervenía de un modo espectacular en los Juegos Olímpicos, en los campeonatos mundiales y europeos y en otras competiciones deportivas importantes.

En este momentos, estamos en una situación óptima para sistematizar el rico bagaje de ejercicios acumulados en el atletismo moderno y presentarlos de un modo útil y cómodo para su consiguiente utilización. Precisamente, este libro está dedicado a aquellos ejercicios aplicados a distintas modalidades atléticas y a aquellos que se utilizan en el atletismo como básicos: los de preparación general.

CAPÍTULO I

Descripción de las disciplinas del atletismo actual

C omo es sabido, el atletismo está constituido por un sinfín de modalidades deportivas. En realidad, no debería ser considerado como una modalidad deportiva propiamente dicha, sin embargo se le define como tal.

El hecho es que el atletismo agrupa las más diversas disciplinas deportivas que, comúnmente, se relacionan con distintos grupos de modalidades deportivas. Así, llegan a formar parte del atletismo disciplinas tales como las de velocidad-fuerza: saltos y lanzamientos, las disciplinas de carácter cíclico: carreras de distintas distancias y marcha atlética, y las de pruebas múltiples: pentatlón, heptatlón, decatlón, así como aquellas disciplinas más complejas que combinan las cíclicas, las de coordinación difícil y las de velocidad-fuerza como, por ejemplo, la carrera de 3.000 m obstáculos y las carreras de vallas.

En consecuencia, el arsenal de medios de entrenamiento en el atletismo se nos presenta de una extraordinaria variedad conllevando que deportistas y entrenadores se vean en la necesidad de perfeccionar tanto las cualidades de velocidad-fuerza como las capacidades de coordinación para garantizar una preparación completa e intensificar el perfeccionamiento del potencial energético del organismo. El entrenador debe orientar al deportista hacia los logros de altos resultados en diferentes modalidades de atletismo, por ejemplo, en las carreras de distancias largas, maratón, lanzamientos, etc., y a consecuencia de esto, los ejercicios de iniciación y específicos se convierten en los medios principales de entrenamiento. Además, en cada disciplina atlética tiene lugar una multiplicidad de variantes en la aplicación de los ejercicios empezando, por ejemplo, con los ejercicios tomados del entrenamiento de los culturistas y utilizados en el atletismo para la preparación de los lanzadores y, terminando con ejercicios que contribuyen al desarrollo de la resistencia de trabajo continuo y que presuponen la lucha contra la masa muscular excesiva que puede restringir la manifestación de la resistencia, indispensable en las carreras a larga distancia.

Por ello, la preparación de los deportistas en atletismo se presenta, en este sentido, más diversa y compleja que en otros deportes. Los especialistas que trabajan en atletismo deben poseer un mayor abanico de conocimientos que los especialistas de otros deportes.

DESCRIPCIÓN DE LOS EJERCICIOS APLICADOS AL ATLETISMO

Todos los ejercicios utilizados por los deportistas (incluyendo a los atletas) pueden dividirse en varios grupos que enumeraremos a continuación: ejercicios de preparación general, ejercicios específicos, de iniciación y de competición, así como ejercicios que contribuyen a la preparación tanto técnica como funcional de los deportistas-atletas (P.S. Demin, 1964; N.I. Vystavkin, Z.P. Sinitsky, 1966; L.V.Shapkova, 1981; N.V.Platonov, 1981).

En los siguientes capítulos, se expondrán los métodos y medios de desarrollo de la cualidades motoras de los atletas, las aptitudes de velocidad y fuerza, la resistencia, la flexibilidad y las capacidades de coordinación. Paralelamente se citarán los ejercicios de iniciación y específicos de los atletas según sean las modalidades atléticas de carácter cíclico o acíclico: para los corredores de distancias cortas y vallistas, para los atletas especializados en marcha atlética, los saltadores de longitud, salto de altura, triple y con pértiga.

En unos capítulos aparte se nos presentan unos ejercicios de iniciación y específicos para el lanzamiento de jabalina, disco, lanzamiento de peso y de martillo.

El desarrollo de las capacidades de velocidad de los atletas

En el desarrollo de la capacidades de velocidad, es necesario diferenciar la metodología aplicada a las capacidades locales (tiempo de reacción, tiempo de movimiento puntual, frecuencia del movimiento) de la metodología aplicada al perfeccionamiento del complejo de capacidades de velocidad (V.N. Platonov, M.M. Bulatova, 1992). Hay que tener siempre presente que las formas más elementales de manifestación de la rapidez únicamente crean premisas para una preparación con éxito de la velocidad, mientras que el desarrollo del complejo de capacidades debe constituir su sostenimiento básico.

Una vez tomada en cuenta dicha consideración, podemos dividir el trabajo para aumentar las cualidades de velocidad en los atletas en dos etapas interrelacionadas. La etapa de perfeccionamiento, diferenciado en cada una de las capacidades de velocidad (tiempo de reacción, tiempo de movimiento puntual, frecuencia de movimiento, etc.), y la etapa de perfeccionamiento integral de las capacidades de velocidad cuando tiene lugar la unión de las capacidades locales en cualquiera de los movimientos característicos para dicha forma de atletismo. No obstante, es bien cierto que pese a esta división y condicionamiento es permisible garantizar un enfoque analítico y sistemático a nivel único y relacionado con el perfeccionamiento de las capacidades de velocidad de los atletas.

Los procedimientos de preparación de velocidad consisten en diversos ejercicios que exigen del deportista reacciones rápidas, una velocidad intensa en la ejecución de todos los movimientos y una máxima frecuencia de movimientos. Estos ejercicios pueden poseer un carácter de preparación general, auxiliar o especial.

Para el desarrollo de las formas elementales de velocidad se emplean ejercicios gimnásticos y, sobre todo, juegos deportivos que pueden presentar un nivel de exigencia lo suficientemente elevado como para poner de manifiesto las cualidades de velocidad.

El objetivo principal de los ejercicios de preparación especial está orientado tanto hacia el desarrollo de los componentes particulares de las capacidades de velocidad, como a su complejo perfeccionamiento en cualquiera de sus acciones motoras. La forma de estos ejercicios responde a una estructura y manifestación específicas de las cualidades de velocidad en las actividades de competición de los atletas. Estos ejercicios están elaborados en base a actividades y métodos diversos característicos para cada tipo de modalidad atlética o para un grupo de modalidades que exigen un nivel elevado de cualidades de velocidad, como en el caso de las salidas, arranques, aceleraciones, carreras de tramos, etc.

Los ejercicios de competición son un medio eficaz para alcanzar el perfeccionamiento global de las capacidades de velocidad. El deportista en condiciones competitivas y con la preparación y motivación previas, consigue alcanzar aquellos índices de velocidad, durante la ejecución de cada uno de los componentes que forman la competición que, por regla general, son difíciles de demostrar en un proceso de entrenamiento basado en ejercicios de una duración menor y con la práctica de ejercicios de velocidad por separado.

No por ello deberemos suponer que en aquellas formas de manifestación de velocidad como, por ejemplo, el tiempo de cada movimiento o incluso el período de reacción, en el mejor de los casos, pueden verse perfeccionados con la realización de un movimiento con una sobrecarga mínima y con el máximo de velocidad permisible. El deportista, con una magnitud de sobrecarga ínfima, no consigue garantizar una aferencia propioceptiva intensiva que acompañe al movimiento no pudiendo activar la formación eficaz del programa del motor central. Si los ejercicios de velocidad se efectúan con la suficiente sobrecarga, entonces el impulso aferente intensivo contribuye a la puesta en marcha de una coordinación racional, a una rapidez de intervención de los músculos en el trabajo, a una coordinación de su funcionalidad durante la realización de los movimientos y a una incorporación rápida de las unidades motoras necesarias, es decir, ayuda a la elaboración de una coordinación intramuscular óptima (Y.V. Verjoshansky, 1988).

La magnitud de la carga aplicada al atleta en gran parte depende de la forma en que se manifiestan las aptitudes de velocidad. De esta forma, para el perfeccionamiento de la velocidad en un movimiento simple sin carga y, del mismo modo, para el aumento en la frecuencia de estos movimientos, resulta de mayor utilidad una carga que oscila entre un 15 y un 20% del nivel máximo de fuerza del deportista. Para el perfeccionamiento de la rapidez de la reacción motora, conforme a las condiciones específicas de los ejercicios de competición, es necesario cumplimentar un amplio margen de cargas que pueden extenderse entre un 10-15% hasta un 50-60% o más del nivel máximo de fuerza del deportista.

La eficacia en la preparación de la rapidez del atleta depende, en gran manera, de la intensidad de ejecución de los ejercicios y de las aptitudes de movilización del deportista. En concreto, el grado de movilización de las cualidades de velocidad, la habilidad del deportista para realizar los ejercicios de velocidad durante las clases de entrenamiento a un nivel límite o rozando el máximo, así como, la superación de sus mejores resultados en algunos ejercicios tanta veces como le sea posible, le sirven de estímulo básico para aumentar la preparación de la velocidad.

La manifestación de las cualidades de velocidad, durante la preparación de los deportistas, y en particular la de los de alta competición, depende en gran manera de la elección de aquellos medios y procedimientos metodológicos que garanticen un nivel óptimo en la estimulación de la actividad del sistema nervioso central y los órganos ejecutores.

Para aumentar la eficacia en la preparación de velocidad de los atletas, resulta de enorme importancia poseer diversas variantes, en cuanto a actividades motoras se refiere, para el cumplimiento de los ejercicios de competición y preparación general a cuenta de la alternancia de las condiciones normales, las de aligeramiento y las de dificultad.

El entrenamiento, bajo tales condiciones, perfecciona la coordinación intramuscular e intermuscular, aumenta la capacidad del deportista para llevar a cabo sus posibilidades de fuerza-velocidad en el curso de las actividades competitivas y ejerce una influencia positiva en la formación de la técnica móvil durante la realización del movimiento.

La adecuada motivación psíquica, creada bajo un ambiente emocional específico, garantiza al deportista una total realización de su potencial funcional durante la realización del trabajo de preparación y competición. Esto se asegura por medio de diversas vías, por ejemplo, a través de la creación de un ambiente de competición, organizando entrenamientos con los deportistas de preparación similar, o utilizando ejercicios muy variables, o poseyendo información constante acerca de los resultados de los deportistas durante la realización de sus ejercicios, etc. La hábil combinación de estos factores permite aumentar en un 5-10% el nivel de manifestación de las aptitudes de velocidad del atleta, ejerciendo de tal modo una gran influencia positiva en la eficacia del proceso de entrenamiento.

La previa estimulación neuromuscular también constituye una actividad metodológica de gran importancia en la capacidad de trabajo de los deportistas. Este procedimiento puede realizarse con la ayuda preliminar del alargamiento forzado de los músculos con su ulterior contracción, o bien, mediante la utilización de aparatos con peso aumentado. También es posible un número mayor de variantes. El procedimiento para una estimulación inicial puede poseer, bien un carácter selectivo (como por ejemplo, tan sólo pedagógico o físico) o bien complejo, utilizando diversos procedimientos para una sola estimulación. Pueden planificarse mediante un complejo de ejercicios de velocidad o incluirse esporádicamente entre los ejercicios de velocidad.

Otra variante, no por ello de menores perspectivas, es la relacionada con el aumento en la manifestación de la velocidad de movimiento del atleta bajo la influencia del cumplimiento previo de ejercicios afines con una carga añadida. Por ejemplo, antes de realizar los ejercicios de esprínter, se trabaja durante de 15-20 segundos, en los aparatos de fuerza que permiten imitar los movimientos de velocidad. En este caso, el deportista logra obtener mejores manifestaciones de velocidad con ejercicios básicos que sin la aplicación de ejercicios previos con un aumento de la carga de fuerza.

Uno de los métodos para aumentar la eficacia de la preparación de la velocidad del atleta consiste en incluir, en el proceso de entrenamiento, microciclos de carácter velocista. Para ello, es indispensable mencionar, en particular en el entrenamiento de atletas de alto nivel, que el mayor volumen e intensidad de trabajo característicos para el actual proceso de entrenamiento condicionan al deportista a realizar un programa de ejercicios y microciclos en condiciones de constante y progresiva fatiga que, en grado significativo, modera la manifestación de las cualidades de velocista en los ejercicios de velocidad. La introducción, en el proceso de entrenamiento, de los microciclos orientados hacia un aumento de la velocidad permiten, de modo significativo, eliminar la mencionada contradicción. Pero el efecto del entrenamiento de estos microciclos será elevado sólo cuando sean planeados después de los microciclos de recuperación, permitiendo al deportista alcanzar una mejor manifestación de las aptitudes de trabajo en los ejercicios particulares.

Entre los procedimientos pedagógicos más eficaces para la estimulación de las cualidades de velocidad de los atletas remarcamos la ejecución, por parte del atleta, de ejercicios de corta duración al final de la clase de carácter aeróbico con un trabajo de gran volumen, pero de intensidad moderada. En este caso, el deportista, muy a menudo, consigue dar pruebas inmediatas de sus cualidades de velocidad a un nivel que, al principio de los ejercicios de entrenamiento, le era inalcanzable. Esto está asegurado ante todo por la influencia positiva de la ejecución durante bastante tiempo del trabajo a una intensidad relativamente baja dirigida a mejorar la coordinación inter e intramuscular, ajustando, de este modo, una óptima relación recíproca entre las funciones motor y vegetativa.

También son de gran eficacia ciertos métodos y procedimientos técnicos utilizados en la estimulación de las cualidades de rapidez de los atletas. Como ejemplo, podríamos mencionar la utilización de mecanismos especiales de lastre que permiten al deportista aumentar la velocidad con un 5-20% de superación respecto a la obtenida bajo condiciones habituales. Con ello, el deportista realiza un movimiento con la máxima intensidad, en concordancia con las nuevas marcas, pero con un nivel más elevado de velocidad.

En la manifestación de las cualidades de velocista del atleta, contribuye una motivación psíquica adecuada llevada a cabo antes del entrenamiento, utilizando métodos de competición y de juegos durante la realización de diversos ejercicios creados bajo un microclima de competición.

Más adelante se exponen las exigencias básicas de los diversos componentes de carga (el carácter y la duración de los ejercicios, intensidad del trabajo durante su realización, duración y carácter del descanso entre los ejercicios, cantidad de repeticiones, etc.) que hay que tener en cuenta durante el proceso de preparación de velocidad de los atletas.

Es sabido que para el aumento de las posibilidades de velocidad de los deportistas se aplican diferentes ejercicios de preparación general, especial y ejercicios de competición. Por ello, cuanto mayor sea el nivel del deportista, más deberán utilizarse ejercicios de competición y de preparación especial que garanticen un perfeccionamiento global de las cualidades de velocidad con arreglo a la realización de diversos métodos y procedimientos que constituyen el contenido de su actividad competitiva.

Una de las exigencias básicas para los ejercicios de velocidad es conseguir que los deportistas sean capaces de asimilarlos. Cumpliendo esta condición, el deportista será capaz de concentrar su atención y capacidades volutivas en la velocidad de ejecución de los ejercicios, en vez de en la técnica.

La duración de los ejercicios en el proceso de preparación de velocidad del atleta se determina por su carácter y por su indispensabilidad de garantizar un nivel elevado de aptitudes de velocidad en la ejecución de dichos ejercicios.

Para el perfeccionamiento de unos u otros componentes de las aptitudes de velocidad (por ejemplo, el tiempo de reacción, de velocidad de cada movimiento) se efectuarán ejercicios especiales, muy breves, de duración de menos de 1 segundo, y en caso de diversas repeticiones de los ejercicios, no se sobrepasarán los 5-10 segundos. Los ejercicios breves (hasta 5-10 seg) sirven para perfeccionar las habilidades de velocidad durante la ejecución de algunos métodos pertenecientes a las modalidades de fuerza-velocidad y de coordinación compleja de atletismo. Durante el trabajo para aumentar el nivel absoluto de velocidad en distancias de tipo cíclico (carreras, marcha atlética) la continuación con ejercicios concretos puede oscilar entre intervalos más amplios de 5-6 segundos hasta intervalos de 1 minuto o más.

Para la planificación del trabajo intensivo o de la de velocidad en tramos y distancias, es indispensable partir de la idea que el trabajo de entrenamiento debe influir en el organismo del atleta de tal modo que estimule unos cambios de adaptación que residen en una peculiar manifestación de las cualidades que en su totalidad determinan el nivel de sus posibilidades de velocidad. A todo ello contribuye, en mayor medida, la alta, incluso, hasta máxima, intensidad de los ejercicios.

El atleta, durante la realización de los ejercicios de velocidad, como ya habíamos mencionado anteriormente, debe hacer todo lo posible para garantizar un nivel de manifestación de velocidad a cuenta de la movilización máxima de sus fuerzas, conforme a sus aptitudes morfológicas de velocidad y amplitud de movimientos.

No obstante, la preparación de velocidad de los atletas no puede solamente limitarse a ejercicios que giren entorno a una velocidad límite o próxima al límite; el perfeccionamiento de los diversos tipos de aptitudes de velocidad debe complementarse con ejercicios de intensidad menor. De este modo, para el perfeccionamiento de la velocidad, ejecutando un solo movimiento, es oportuno utilizar ritmos variados empezando por un ritmo moderado, con un 30 o 40% de las posibilidades máximas del deportista en cuestión, y prosiguiendo con un 85-95% de las posibilidades máximas hasta llegar al límite. Al finalizar cada movimiento es indispensable relajar los músculos.

Durante el perfeccionamiento de la frecuencia de movimiento, los ejercicios deben realizarse a un ritmo de moderado a máximo.

Para el perfeccionamiento de la velocidad de reacción, es necesario realizar un movimiento con la mayor velocidad posible y; la atención del deportista debe concentrarse al máximo al llevar a cabo los elementos iniciales de movimiento como respuesta a la señal recibida. Como señal suelen utilizarse diversos tipos de detonantes que pueden ser sonoros, táctiles o luminosos y a los que se les variará constantemente el orden, la señal y el ritmo de modo alternativo.

La gran variedad de ejercicios aplicados, condiciones de su ejecución, intensidad de trabajo (sin olvidar en la preparación un volumen de medios que necesitan la movilización máxima de las cualidades de velocidad) representa uno de los requisitos indispensables para el aumento sistemático del nivel de posibilidades de velocidad de los atletas y para la aparición preventiva de "la barrera de velocidad" que se afirma como un estereotipo riguroso que delimita las ulteriores posibilidades de aumento de la cualidad de velocidad del deportista.

Durante el desarrollo de la cualidad de velocidad del atleta, la duración de las pausas debe plantearse necesariamente de tal forma que al principio del ejercicio habitual se aumente la excitación del sistema nervioso central del deportista y que los cambios físico-químicos del organismo del deportista estén ya, en la medida de lo posible, neutralizados. Si las pausas son más cortas, entonces en el organismo se produce una rápida, pero relativa, acumulación de elementos de desintegración que conduce a la disminución de las aptitudes para el trabajo del atleta en los ejercicios habituales. La posterior continuación del trabajo, bajo estas condiciones, será, básicamente, aumentar el rendimiento anaeróbico (glucolítico) más que perfeccionar las posibilidades de velocidad.

En el proceso de preparación de la velocidad del atleta, el intervalo entre pausas aumenta considerablemente. Su duración depende de la coordinación de la dificultad de los ejercicios, del volumen de los músculos que participan en el trabajo durante la realización de un ejercicio en concreto, de la continuación de los ejercicios y de la intensidad del trabajo durante su realización.

Entre los ejercicios más difíciles, en cuanto a coordinación se refiere, y que están relacionados con una alta carga en el sistema nervioso central, las pausas deben ser más continuadas que entre los ejercicios más simples y de fácil asimilación por los deportistas. Entre los ejercicios de velocidad de carácter local, que invierten en el trabajo menos del 30% de la masa muscular del deportista, las pausas deben ser más cortas que entre los ejercicios de carácter parcial que invierten en el trabajo hasta el 60% de la masa muscular, o que entre los de carácter global, con la participación en el trabajo de más de un 60% de la masa muscular.

Las pausas, en los ejercicios locales de corta duración –menos de 1 segundo– pueden ser de unos pocos segundos.

Los ejercicios de velocidad prolongada como, por ejemplo, las carreras de 100 y 200 m, y que incorporan al trabajo un mayor volumen muscular, pueden exigir un descanso de larga duración, de 2 a 3 minutos llegando incluso a 8-10 minutos o más.

Durante los ejercicios de un mismo tipo, la disminución de la velocidad durante su realización está en conexión con una aminoración del descanso. Esta dependencia no supone un carácter lineal ya que incluso una menor disminución de la velocidad permite reducir considerablemente las pausas entre los ejercicios.

La realización periódica de ejercicios de 5 a 30 segundos con largos intervalos de descanso de hasta 10-20 minutos, favorece el aumento de nivel de la velocidad de los deportistas. La particularidad que diferencia estos ejercicios de otros, radica en el hecho que durante su ejecución el deportista tiene la misión de obtener récords que muestren sus índices de velocidad.

Durante los descansos entre dichos ejercicios, está planificado un tratamiento tonificante y reconstituyente que estará compuesto por masajes, baños, ejercicios de relajación y estiramientos, preparación psíquica y otros. El objetivo de todos estos tratamientos consiste en proveer unas condiciones óptimas para que el deportista realice los ejercicios al límite de sus posibilidades de velocidad.

En la tabla I se nos muestra la duración más idónea de las pausas entre los ejercicios de velocidad durante el desarrollo de las aptitudes de velocidad de los atletas, dependiendo del volumen de los músculos incorporados al trabajo durante la realización de cada ejercicio y la intensidad del trabajo expresada en tanto por ciento de los índices máximos de velocidad. Con ello, hemos de tomar en consideración que la realización frecuente, por parte de los deportistas, de ejercicios de velocidad con una elevada intensidad, incluso con sus correspondientes pausas, provoca una acumulación de cambios físico-químicos, así como una disminución en el nivel de preparación psicológica ante la ejecución de un trabajo de gran intensidad.

El aumento del volumen de trabajo bajo condiciones óptimas para el desarrollo de las posibilidades de velocidad permite una realización de los ejercicios en serie. La cantidad de ejercicios, tanto los incluidos en cada serie como los generales, depende de la duración de los mismos, de su intensidad y del volumen de los músculos que intervienen en el trabajo.

Por ejemplo, en una serie podemos encontrarnos hasta con 10-15 ejercicios breves de carácter local. Cuando ya se han realizado los suficientes ejercicios de carácter global y parcial, entonces la cantidad en la serie puede decrecer hasta 3-4 o 2-3.

La duración de las pausas entre series también depende del carácter de los ejercicios, de su duración, de la cantidad de ejercicios en cada serie y de la intensidad del trabajo. En función de dichos componentes, la duración puede oscilar entre los 2 y los 6 minutos.

TABLA I: RÉGIMEN DE TRABAJO Y DESCANSO EN EL DESARROLLO DEL COMPLEJO DE APTITUDES DE VELOCIDAD

Duración de los ejercicios (minutos)	Rapidez, velocidad (%) del nivel máximo	Duración de las pausas		
		Ejercicios de carácter local	Ejercicios de carácter parcial	Ejercicios de carácter global
Hasta 1	95-100 90-95 80-90	15-20 10-15 5-10	30-40 20-30 15-20	45-60 30-45 20-30
4-5	95-100 90-95 80-90	30-40 20-50 15-20	50-80 40-60 30-40	80-120 60-90 50-60
8-10	95-100 90-95 80-90	40-60 30-40 20-30	80-100 60-80 40-60	120-150 90-120 60-90
15-20	95-100 90-95 80-90	60-80 40-60 30-40	100-120 80-100 60-80	150-180 120-150 90-120
25-30	95-100 90-95 80-90	80-120 60-80 40-60	120-150 100-120 80-100	180-240 150-180 120-150

El entrenador, al realizar la planificación del programa de los ejercicios, encaminados hacia un aumento de la velocidad, debe también tener en cuenta, guiándose por los datos citados en la tabla, que estas recomendaciones están pensadas para los deportistas de alto nivel.

La elección del tipo de ejercicio, sea local, parcial o global, que será utilizado para el programa de velocidad, es de gran importancia y por ello deberemos escoger el adecuado para cada caso. Por ejemplo, para las diversas acciones motoras que no incorporan en el trabajo una importante masa muscular, son más convenientes los ejercicios de carácter local. Para las carreras de fondo, que exigen un volumen muscular medio, son más adecuados los ejercicios de carácter parcial. Y como ejemplo de los ejercicios de carácter global, podemos mencionar el lanzamiento de martillo o la carrera de velocista.

EJERCICIOS PARA EL DESARROLLO DE LAS CAPACIDADES DE VELOCIDAD

En este apartado, se exponen los ejercicios que contribuyen al perfeccionamiento de las aptitudes de velocidad de los atletas.

Existe una enorme cantidad de acciones motoras cuyo resultado está condicionado por el nivel de desarrollo de las cualidades de velocidad del deportista. Queremos recordar que la manifestación de las cualidades de velocidad depende no tan sólo de las posibilidades de los sistemas muscular y nervioso, sino también de la eficacia de la técnica de las acciones motoras. En consecuencia, la metodología del desarrollo de las cualidades de velocidad prevé la máxima diversificación de ejercicios y la correspondencia de las acciones motoras, bajo una estructura dinámica y cinemática, con las exigencias de una competición eficaz (V.N.Platonov, 1980).

Más abajo, señalamos los ejercicios más eficaces utilizados por los atletas para el perfeccionamiento de las cualidades de velocidad.

Para los ejercicios propuestos con el fin de llevar a cabo un trabajo intenso, se han utilizado los índices que tradicionalmente se aplican en la preparación de los deportistas especializados en diversas modalidades atléticas. Por ejemplo, en las modalidades cíclicas, la intensidad de trabajo se valora en función de la rapidez de superación de los tramos de distancia (en tanto por ciento máximo) o por el volumen energético (límites de suministro energético) de trabajo que corresponde a dicha intensidad. El 1er límite es el de mayor potencial anaeróbico; el 2° está situado cerca de la potencia anaeróbica máxima y el 3°, en la potencia anaeróbica submáxima. La duración de las pausas viene determinada por el tiempo que garantice un restablecimiento suficiente de las aptitudes de trabajo del deportista o bien, según los índices que indiquen una frecuencia de las contracciones del corazón correspondientes al restablecimiento de las aptitudes de trabajo hasta un nivel lo suficientemente elevado.

DISCIPLINAS DE CARRERA EN EL ATLETISMO

1. Carrera con salida baja: 2 x 20 + 2 x 30 + 2 x 50 + 2 x 30 + 2 x 20 m. Intensidad: 96-100%. Descanso: hasta 115-110 pulsaciones por minuto.
2. Carrera con salida: 4 x 20 + 3 x 50 + 4 x 20 m. Intensidad: 96-100%. Descanso: hasta el restablecimiento las pulsaciones hasta 110-115 por min.
3. Carrera con salida baja: 2 x 20 + 2 x 30 + 2 x 60 + 2 x 30 + 2 x 20 m.
4. Carrera con salida baja: 20 + 30 + 60 + 30 + 20 m x 2 series. Intensidad: 96-100%. Descanso: hasta el restablecimiento de las pulsaciones hasta 115-110 pulsaciones por minuto; el descanso entre series es de 10-12 min.
5. Carrera con salida baja: 2 x 60 + 80 + 2 x 60 m. Intensidad: 96-100%. Descanso: hasta el restablecimiento de las pulsaciones hasta 110-115 por minuto.
6. Carrera con salida baja: 2 x 20 + 2 x 60 + 2 x 20 m. Carrera en marcha: 20 + 60 + 20. Intensidad: 96-100%. Descanso: hasta el restablecimiento de las pulsaciones hasta 110-115 por minuto.
7. Carrera con salida baja: 3 x 50 m. Carrera en marcha: 3 x 50 m. Intensidad: 100%. Descanso: hasta el restablecimiento de las pulsaciones hasta 115-110 por minuto.
8. Carrera con salida baja: 20 + 30 + 50 m. Carrera por una pendiente (ángulo 2-3°) 20 + 30 + 50 m. Carrera con marcha por una pendiente: 3 x 20 m. Intensidad: 100%. Descanso: hasta restablecimiento de las pulsaciones en 110-115 por minuto; descanso entre series 10-12 min.
9. Carrera con salida baja con ayuda de aparato lastrado: 2 x 10 + 2 x 20 + 2 x 50 m + 2 x 20 + 2 x 10. Carrera con marcha: 3 x 20 m. Intensidad: 100%. Descanso: hasta el restablecimiento de las pulsaciones en 110-115 por minuto.

10. Carrera con marcha: 2 x 20 + 2 x 60 + 2 x 20 m. Intensidad: 100%. Descanso: hasta restablecimiento de las pulsaciones hasta 115-110 por minuto.

11. Carrera con salida baja: 2 x 20 + 2 x 30 + 2 x 20 m. Entrega del testigo del relevo 3 x 50 m. Intensidad: 100%. Descanso: hasta el restablecimiento de las pulsaciones hasta 110-115 por minuto; descanso entre series 10-12 min.

12. Carrera con salida lanzada: 20 + 50 + 20 m. Entrega del testigo del relevo 4 x 50 m. Intensidad: 96-100%. Descanso: hasta el restablecimiento de las pulsaciones hasta 110-115 por minuto; descanso entre series 10-12 min.

CAPÍTULO III

Preparación de la fuerza en el entrenamiento de los atletas

E n la práctica deportiva la valoración de la eficacia de los diversos métodos de entrenamiento juega un papel primordial; esta eficacia deberá ir encauzada hacia el desarrollo de las cualidades de fuerza y poner de manifiesto el mayor número de variantes en correlación con el proceso de preparación de los deportistas (V.N. Platonov, M.M. Bulatova, 1992).

Durante la realización de los diversos métodos pueden verse variados índices tales como: el volumen de la resistencia, la velocidad del movimiento, la magnitud de los ángulos articulares, la cantidad de reiteraciones en una prueba o bien, la continuación de la tensión muscular, así como la cantidad de ejercicios aplicados y su enfoque, la influencia sucesiva que los ejercicios ejercen en los diversos músculos o grupos de músculos y la duración y carácter de las pausas entre pruebas, entre series y entre cada ejercicio.

El uso de diferentes pesos, resistencias y aparatos especiales hace el proceso de preparación de fuerza de los deportistas y, en concreto, de los atletas, mucho más variable.

La singularidad de cada modalidad atlética diversifica procedimientos utilizados en la preparación de fuerza. Pero sea cual sea el método o procedimiento utilizado para el desarrollo de las fuerzas, hay una serie de componentes básicos e indispensables tales como, el régimen de trabajo de los músculos, la magnitud de la resistencia así como la velocidad de movimientos u otros que hay que planificar de tal modo que éstos, de forma rigurosa, correspondan a las exigencias metodológicas que reposan en el desarrollo de un tipo concreto de fuerza, teniendo en cuenta la específica de una concreta modalidad atlética.

La mayor eficacia de uno u otro método de desarrollo de las cualidades de fuerza o bien del régimen de actividad de los músculos, basados en uno u otro método, se manifiestan en aquellas condiciones de actividad del sistema neuromuscular que han sido condicionadas por el tipo de entrenamiento.

Sólo podremos valorar objetivamente el aumento de las cualidades de fuerza como resultado del entrenamiento, en base a uno de los métodos de desarrollo, cuando el control se realice con la ayuda del mismo método. El desacuerdo entre el método de control de las cualidades de fuerza del deportista el método utilizado para el desarrollo en el entrenamiento, conduce a muchos especialistas a resultados imprecisos e incorrectas conclusiones al comparar la eficacia entre los distintos métodos de entrenamiento de fuerza. Con frecuencia, los especialistas remarcaron erróneamente la preponderancia de un método sobre otro tan sólo en base a la aplicación de un único procedimiento de control. Por ejemplo, el intento de poner en evidencia, por parte de los investigadores, el predominio de los ejercicios estáticos en contraposición con los ejercicios dinámicos de carácter de superación a menudo era consecuencia de que el control de las fuerzas se realizaba en un régimen isométrico. Si el mismo control de fuerza se realizase mediante un régimen dinámico, entonces, los resultados obtenidos obtendrían un carácter opuesto. Semejante situación a menudo puede producirse también durante la investigación por comparación de la eficacia del método isotónico con el régimen de trabajo de superación o concesivo y los métodos isotónico e isocinético. Todo ello dificulta considerablemente el análisis de los resultados, dado que, muchos especialistas, ante la evidencia de la eficacia de unos y otros métodos de desarrollo de las cualidades de fuerza de los deportistas, a menudo llegaban a conclusiones opuestas.

Muchos investigadores estudiaron la influencia que los métodos actuales de desarrollo de las fuerzas ejercían en el aumento de las posibilidades de fuerza de los deportistas y, una vez comparados diversos autores, podemos descubrir una gran variedad de resultados: desde un 10-15 % de aumento tras una semana de entrenamiento hasta una ausencia notable de efecto. Las causas en las que ello reside son varias y de índole múltiple, entre las que podemos mencionar: la edad y el sexo de los deportistas y sus cualidades particulares (en primer lugar, la estructura de los tejidos musculares), así como el nivel inicial de la preparación de fuerza. Podemos decir que los deportistas poco preparados en el trabajo de fuerza, están capacitados, en un período de unos cuantos meses, para conseguir un aumento semanal de fuerza máxima de más de un

10%, mientras que los deportistas que poseen un elevado nivel de desarrollo de fuerza, semanalmente rebasan un aumento del 0,5-1,5%.

Si comparamos la eficacia de los distintos métodos de desarrollo de las cualidades de fuerza, es necesario tomar en consideración que durante la realización de los diferentes ejercicios que favorecen el aumento de la fuerza, no es posible garantizar que todos los músculos trabajen en el mismo régimen. Podemos mencionar sólo el procedimiento de utilización de uno u otro régimen. En cualquier ejercicio, excepto el estático, unos músculos efectuarán un trabajo dinámico de carácter de superación, otros, un trabajo dinámico de cesión y, unos terceros, un trabajo estático.

El análisis se complica si a todo ello añadimos que no es posible unificar correctamente los programas de entrenamiento basados en la utilización de diferentes métodos totalizando los criterios de magnitud de cargas, manifestaciones externas (duración del trabajo, cantidad de repeticiones, pruebas) o internas (reacción del sistema neuromuscular, sistema de abastecimiento de energía y otros).

A este problema se han dedicado muchos estudios realizados por especialistas de morfología deportiva, fisiología, teoría y metodología de la preparación deportiva. Todo ello ha contribuido a la recopilación de una gran experiencia en la utilización de los diversos métodos de desarrollo de fuerza en la práctica deportiva. En conjunto, esto contribuye, en gran parte, a definir los diversos métodos existentes y a compararlos.

Algunos especialistas opinan que el método isométrico de desarrollo de fuerza es más eficaz en comparación con los otros métodos. Esta opinión se basa en que el desarrollo de la fuerza es la resultante de la tensión de los músculos; en cambio, el trabajo estático debe comportar una mayor intensificación de las unidades motoras. Pero, a través de investigaciones específicas, se ha demostrado que la comparación entre el nivel de actividad de los músculos durante su máxima contracción isométrica y durante el esfuerzo concéntrico demuestra la preeminencia determinada del trabajo isotónico en régimen de superación. Es necesario tener en cuenta que la ejecución de los ejercicios utilizando el método isométrico no conlleva un estiramiento de los músculos o de los ligamentos, ni variaciones en la longitud de músculos ni en la coordinación muscular e intermuscular, siendo éstos rasgos característicos en el trabajo dinámico. Esto disminuye considerablemente la eficacia del método isométrico.

Las investigaciones, realizadas por una serie de autores, evidencian de forma bastante convincente que en cualquier método de desarrollo de fuerza basado en el uso del trabajo dinámico por su eficaz influencia en el sistema muscular supera al método isométrico en lo concerniente al desarrollo de diversos tipos de fuerza. El régimen isométrico es preferible en las etapas iniciales de entrenamiento, ya que permite obtener resultados significativos con un menor esfuerzo, en comparación con el entrenamiento basado en otros regímenes (S. Atha, 1981).

El deportista, durante el control de la duración de la ejecución de los ejercicios de carácter isométrico, debe tomar en consideración que el trabajo estático supone una mayor rapidez en el proceso de fatiga en comparación con el trabajo dinámico. No obstante, el período de recuperación tras un trabajo estático transcurre del mismo modo que tras un trabajo dinámico, lo que ha de ser calculado durante la duración de los intervalos de descanso entre los ejercicios.

Para la planificación de los ejercicios de régimen excéntrico, es necesario tener en cuenta los resultados de las investigaciones de K. Häkkinen y otros (1988) que demuestran que el aumento de fuerza durante el trabajo excéntrico está en conexión con la energía derivada de las propiedades elásticas de los músculos, cuya capacidad de movilización aumenta, especialmente, la eficacia durante la ejecución de grandes cargas.

Los ejercicios dinámicos son más efectivos cuando se realizan tanto en un régimen de trabajo de superación como en un régimen de trabajo excéntrico de los músculos, y no tan sólo en uno de estos regímenes. Ello corrobora, por ejemplo, las investigaciones de K. Häkkinen (1989), que demuestran que el entrenamiento orientado al músculo extensor de la pierna es más efectivo cuando se aplica combinando la resistencia concéntrica en un 80-100% del máximo concéntrico y la resistencia excéntrica en un 100-130% del máximo concéntrico de trabajo, que cuando se utiliza únicamente el trabajo concéntrico.

El uso de los ejercicios con cambios de cargas puede producir un aumento de fuerza en diversos ángulos articulares que en cierta manera mitiga las carencias de los métodos concéntrico y excéntrico en comparación con el método isométrico y el método de resistencias variables. Es necesario recabar en la importancia de la velocidad de movimiento. Los movimientos rápidos no son eficaces para el desarrollo de la fuerza máxima dado que nos conducen a una drástica disminución en la duración de la influencia de las cargas –la carga es mayor al inicio y, después disminuye bruscamente.

Sin embargo, esto sucede tan sólo en los casos en que diversos pasos de movimiento se llevan a cabo desde diversas posiciones de salida (en diferentes ángulos articulares), de modo que predetermina la diversidad de amplitud de movimiento durante la realización de los ejercicios afines. Por ejemplo, los deportistas, durante la ejecución de los ejercicios habituales encaminados al desarrollo de fuerza del bíceps del hombro pueden utilizar cuatro posiciones de salida (180°, 150°, 120°, 90°) para determinar la amplitud de movimiento y magnitud de la carga. Naturalmente, para la realización de los ejercicios en tales condiciones se exige el uso de soportes especiales.

Cabe señalar, que el entrenamiento bajo un régimen isocinético crea unas condiciones ideales para la actividad muscular a lo largo de toda la amplitud del movimiento, no pudiéndose conseguir durante la realización de ejercicios con cargas, en particular con pesas. Lo dicho fue convincentemente demostrado durante el estudio de la actividad eléctrica del músculo extensor de la rodilla durante el enderezamiento de la pierna tras la flexión con la pesa, o bien, durante el trabajo con aparatos isocinéticos (K. Häkkinen, F. Komi, H. Kauhanen, 1988). Como testimonian los datos científicos recibidos durante la ejecución de ejercicios con aparatos, se notó una mayor manifestación de la actividad de los músculos.

La actividad de los músculos extensores de la rodilla durante un ejercicio máximo con pesas corresponde a la actividad de los músculos durante el trabajo con aparatos con resistencias variables sólo en ángulos pequeños.

Una vez disminuido el papel del músculos extensores de la rodilla durante el trabajo con barra de discos, se potencia en gran manera el papel activo de los músculos extensores del fémur. Por dicha causa, durante la realización de la flexión con la barra de pesas para el aumento de la fuerza de los músculos extensores de la rodilla, es necesario planificar selectivamente y en concordancia los diferentes ángulos de la articulación de la rodilla.

Cabe también destacar que la actividad eléctrica de los músculos durante el trabajo bajo un régimen isocinético se mantiene en un nivel máximo independientemente de los cambios de fuerza manifestados y del ángulo de la articulación. Todo ello testimonia que el impulso nervioso enviado a los músculos durante el proceso de este trabajo se mantiene con una intensidad máxima paralelamente a las amplitudes de movimiento, condicionando al máximo la resistencia durante la adaptación de diversos ángulos articulares.

Al comparar la eficacia entre los métodos de desarrollo de fuerza concéntrico y pliométrico, es necesario tener en cuenta que la principal diferencia de estos métodos reside en la dirección de su influencia. La influencia del método concéntrico, en mayor medida, está relacionada con la adaptación de los tejidos musculares, mientras que el pliométrico lo está con el aumento de la eficacia de la regulación nerviosa. Por ejemplo, D.B. Sale (1988) analizó la influencia de los métodos antes mencionados en el aumento de fuerza máxima, en la fuerza de rapidez y en los cambios integrados en los electromiogramas (EMG). Este autor determinó que el entrenamiento pliométrico, construido por medio de la utilización de ejercicios de saltos explosivos, conduce a un aumento de aptitudes alcanzando rápidamente los índices de fuerza durante el aumento moderado de fuerza máxima. En contraposición, el entrenamiento utilizando el método concéntrico con la aplicación de grandes cargas, supone un aumento elevado de la fuerza máxima, pero sin resultado en relación con la velocidad de fuerza. En base a dicho aumento de velocidad de fuerza en los sometidos a prueba bajo la aplicación del método pliométrico, tiene lugar un aumento brusco en la intensidad de impulso de los músculos, reflejándose en los índices de integración de EMG.

Los resultados de las investigaciones de J.E. Cravers y otros (1989) demostraron la existencia de una relación entre el desarrollo de la fuerza máxima de los músculos extensores de la rodilla tras 10 semanas de entrenamiento (2 o 3 clases por semana, la magnitud de resistencia es de 7-10 PM) bajo un régimen dinámico limitando la amplitud de movimiento. 59 personas fueron distribuidas libremente en grupos. En el primer grupo se les entrenaba reduciendo la flexión de la rodilla, teniendo como límite 120-60°; en el segundo grupo, el límite era de 60-0°.

Como testimonian los resultados obtenidos, el aumento de fuerza fue mayor durante el entrenamiento utilizando una amplitud de movimiento determinada que en el entrenamiento con amplitud no determinada.

En el proceso de entrenamiento de fuerza del deportista es muy importante asegurar un equilibrado desarrollo de los músculos mediante la realización de movimientos en ambas direcciones. Por ejemplo, el trabajo intensivo para el desarrollo de fuerza de los músculos flexores del torso, comporta un trabajo análogo dirigido al desarrollo de los músculos extensores; el aumento de los músculos flexores del hombro también exige un aumento de fuerza de los músculos extensores del hombro, etc. Si no se garantiza una correlación entre el funcionamiento opuesto de los grupos de músculos, pueden surgir consecuencias negativas tales como alteración de la figura, colocación incorrecta de las articulaciones y aumento de traumatismo de las articulaciones de los cartílagos y tendones.

La tensión máxima de los músculos durante la utilización del método isocinético sólo tiene lugar cuando la fuerza de resistencia lentamente cede ante la fuerza aplicada. Con la utilización de un movimiento a gran velocidad, el músculo no alcanza a desarrollar la tensión máxima ni mantiene la tensión desarrollada.

Sin embargo, la inferior eficacia del régimen isocinético durante la realización de ejercicios para el desarrollo de la fuerza máxima, no significa que dichos ejercicios no tengan lugar en el sistema de preparación de fuerza de los deportistas. Muy al contrario, dichos ejercicios resultan de una elevada eficacia cuando se tiene por objetivo el desarrollo de la resistencia de la fuerza de los músculos que juegan un papel decisivo en las modalidades deportivas de carácter cíclico (en este caso, a las correspondientes a las disciplinas atléticas) o cuyo objetivo es el aumento de capacidades para la realización del potencial de fuerza en condiciones en las que encontramos actividades musculares específicas. Ello se relaciona tanto a nivel de trabajo de carácter cíclico, no exigiendo una manifestación máxima de fuerza durante la realización de los movimientos básicos de trabajo, como a nivel de trabajo de carácter acíclico con el carácter explosivo de esfuerzos.

El trabajo de fuerza durante la utilización de varios métodos puede cumplirse en las condiciones de uso de resistencias constantes o variables.

Una serie de investigaciones (B.J. Rogers y otros, 1980), basadas en extensos experimentos pedagógicos, estudiaron la eficacia del entrenamiento con resistencias constantes y variables. El resultado de dichas investigaciones nos testimonia la eficacia de uno y otro régimen siendo de difícil resolución constatar la preeminencia de uno sobre el otro. Las diferencias expuestas dependían, básicamente, del método de control utilizado. Cuando se utilizaban aparatos con resistencias variables entonces, prevalecían significativamente aquellos en los que fue aplicado un régimen variable. Cuando durante el control se aplicaban resistencias constantes, entonces, resultaba la situación contraria. Pero una vez se equipararon los controles, la diferencia fue de poca importancia. No obstante, de estos resultados podemos extraer relevantes conclusiones prácticas, tales como las que indican que durante el proceso de preparación de fuerza de los deportistas es imprescindible aplicar ambos regímenes, garantizando de esta forma un desarrollo multidireccional de la fuerza y de las aptitudes del deportista tanto en las resistencias variables como en las constantes.

Al planificar la preparación de fuerza de los deportistas es indispensable tener en cuenta que entre la magnitud de cargas aplicadas y la cantidad de repeticiones existe una correlación lógica que se manifiesta lo suficientemente estable durante la realización de los ejercicios, que hacen participar distintos volúmenes musculares. El carácter de esta intercomunicación no hace distinciones entre persona de distinto sexo y edad poseedoras de distintos niveles de estado de preparación de fuerza. La utilización de esta dependencia comporta una cantidad máxima de repeticiones, realizadas por deportistas con cargas definidas, pronosticar el nivel máximo de posibilidades de fuerza y permite pronosticar según el nivel de carga (en porcentaje del máximo posible) el número de repeticiones probables. Esto resulta de gran utilidad práctica ya que simplifica la planificación de los programas individuales de preparación de fuerza de los atletas. Sin embargo, la mencionada dependencia es característica de los deportistas poseedores de un nivel uniforme de desarrollo de fuerza máxima y de resistencia de fuerza. Si el objeto de las investigaciones es aplicado a los deportistas mayoritariamente entrenados en el trabajo de velocidad-fuerza o bien, entrenados para el desarrollo de la resistencia de fuerza aplicada al trabajo de carácter glucolítico, entonces la dependencia entre la magnitud de las cargas aplicadas y la cantidad máxima posible de repeticiones puede adquirir otro carácter. Esta dependencia se diferenciará según el nivel de asimilación de los individuos en la práctica de los movimientos: con el perfeccionamiento de dicha práctica la cantidad de repeticiones se ve acrecentada.

EL DESARROLLO DE LA FUERZA MÁXIMA

En la actualidad, en el deporte de alto nivel, y, en concreto, en el atletismo, se utilizan dos vías, relativamente independientes y muy eficaces, para el desarrollo de la máxima fuerza del deportista.

La primera de dichas vías presupone un aumento de fuerza a cuenta del perfeccionamiento de los mecanismos neurorreguladores (perfeccionamiento del impulso, de la coordinación intermuscular e intramuscular) y del aumento de capacidad, potencia y movilidad del mecanismo alactácido de suministro de energía de la contracción muscular.

Durante la realización de las posibilidades de dicha vía de aumento de máxima fuerza, no tiene lugar ningún aumento substancial de masa muscular. La adaptación de los músculos está estrechamente ligada con el proceso óptimo de reclutamiento de diferentes fibras musculares, con el desarrollo de las aptitudes de funcionamiento sincronizado de las unidades motoras y con un notable aumento de las reservas de ATP y CP en los músculos.

No en menor importancia se manifiesta el aumento de actividad de la adenosina-trifosfatasa (el fermento que disocia a ATP y aumenta el proceso de enriquecimiento de la miosina con energía) y el aumento de concentración de CP y proporción de mioglobina en los músculos (Y.V. Verjoshansky, 1988). Con ello se incrementan las posibilidades de fusión y de resíntesis anaeróbica de ATP, es decir, una rápida restitución de los grupos de fosfatos de elevada energía, importante en el mismos grado para el aumento de contracción de los músculos, sin un aumento de su diámetro.

La segunda opción propone un aumento de máxima fuerza en detrimento del aumento del diámetro muscular. En la organización del proceso de entrenamiento tiene lugar una división de las proteínas de los músculos en activo. Los productos de la división de las proteínas estimulan la síntesis proteínica en los períodos de reconstitución con la consiguiente supercompensación de la disminución de las proteínas y el correspondiente incremento de su masa.

Cada una de las arriba mencionadas vías de desarrollo de máxima fuerza pueden ser aplicadas en la práctica deportiva. Lo específico de cada modalidad deportiva, las aptitudes particulares de cada deportista, así como el nivel inicial de desarrollo de fuerza dictan la necesidad de hacer uso de una vía u otra o bien del conjunto de sus aplicaciones en el proceso de entrenamiento. Por ejemplo, en el entrenamiento de lanzamiento de martillo y lanzamiento de peso a menudo se utiliza la segunda vía; y los corredores, en el proceso de desarrollo de la máxima fuerza, habitualmente se orientan hacia su aumento a cuenta tanto del incremento de la masa muscular, como del perfeccionamiento de la coordinación intermuscular e intramuscular, y del acrecentamiento de la potencia, de la capacidad y de la movilidad de las fuentes alactácidas de energía.

Para el desarrollo de la máxima fuerza, los deportistas pueden utilizar cualquiera de los métodos de preparación de fuerza excepto el método pliométrico. La literatura especializada y la experiencia en la preparación de fuerza de los deportistas más fuertes nos aporta la posibilidad de determinar la proporción en la que se aplicaron los ejercicios dependiendo de los diversos métodos. Con el método concéntrico es de un 35-40%, con el excéntrico del 15-20%, el isométrico, 10-15%, el isocinético, 10-15% y el método de resistencias variables, 20-25%.

Cuando el objetivo consiste en aumentar el diámetro muscular, se amplía el número de ejercicios en los que se utiliza el método de resistencias variables (hasta un 30-35%) y disminuye el volumen de trabajo con la utilización de los métodos isométrico, excéntrico e isocinético. Pero cuando se hace todo lo posible para incrementar el nivel de fuerza máxima a cuenta del perfeccionamiento en la coordinación intramuscular e intermuscular, entonces es posible aumentar en un 10-15% el volumen de trabajo excéntrico e isocinético y, proporcionalmente, disminuir el número de ejercicios que se realizan con la ayuda de otros métodos.

A continuación, expondremos las exigencias básicas que se presentan durante el planteamiento de los componentes de carga en el período de trabajo encaminado a desarrollar la fuerza máxima.

Durante el desarrollo de la fuerza máxima sin aumento de la masa muscular, la magnitud de la carga oscila entre 50-60% y 90-100% del nivel de fuerza máxima y con un trabajo excéntrico entre un 70-80% y un 120-130% del nivel máximo.

Es imprescindible tener en cuenta que las cargas máximas o casi máximas son preferibles para el perfeccionamiento de la coordinación intramuscular, pero son ineficaces para el mejoramiento de la coordinación intermuscular. El ritmo de movimiento óptimo es de carácter moderado: 1,5-2,5 segundos para cada repetición. Utilizando el método isométrico, la duración de la tensión debe ser de 3-5 segundos.

La cantidad de repeticiones en cada prueba se determina por la magnitud de las cargas utilizadas. Cuando la carga es del 90-100% del nivel máximo de fuerza del deportista, entonces la cantidad de repeticiones en la prueba oscila entre 1 y 3. La disminución de la carga permite incrementar la cantidad de repeticiones. Por ejemplo, si la carga es de 50-60 % del nivel máximo de fuerza, entonces las repeticiones en la prueba aumentan hasta 10-12.

Los intervalos entre ejecuciones son grandes: hasta de 2 a 6 minutos, y en cada caso concreto se debe garantizar la reintegración de las reservas alactácido-anaeróbicas y las aptitudes de trabajo del deportista. Para determinar la duración concreta de pausas, es necesario orientarse en las pulsaciones que se recupera al mismo tiempo que las capacidades de trabajo.

Las pausas se completan con un trabajo de baja intensidad, o también con ejercicios de relajación y estiramiento, automasajes y masajes de los músculos.

A continuación detallaremos una serie de complejos de ejercicios, dirigidos al aumento de la fuerza máxima sin un aumento considerable de la masa muscular (el complejo ha sido recomendado por Y.V. Verjoshansky, 1988).

1. Se realizan 2-3 movimientos con peso de 90-95% del máximo. En la sesión de entrenamiento se efectuarán de 2 a 4 ejecuciones con un descanso de 4 a 6 minutos. Enmarcados en dicha variante podemos dividir 2 regímenes de trabajo de los músculos. En uno de ellos, todo movimiento en la ejecución se cometerá sin relajamiento de los músculos entre las repeticiones (así, en las flexiones con barra de discos el aparato todo el tiempo se mantiene sobre los hombros) y, en el otro régimen, después de la ejecución del movimiento el aparato tan sólo se coloca en su soporte en el intervalo de unos segundos, para que, al menos en un instante, los músculos de relajen.

   Ambos métodos son efectivos para el desarrollo de la máxima fuerza, pero el segundo, en mayor medida, perfecciona las capacidad de la manifestación "explosiva" del esfuerzo y la relajación de los músculos.

2. Se realizan 5 ejecuciones: 1/ peso del 90% del máximo, 3 veces; 2/ peso del 95%, 1 vez; 3/ peso del 97%, 1 vez; 4/ peso 100%, 1 vez; 5/ peso 100% más 1-2 kg. Pueden ser, también, 4 ejecuciones: 1/ peso 90%, 2 veces; 2/peso 95%, 1 vez; 3/ peso 100%, 1 vez; 4 peso 100% más 1-2 kg. Entre las ejecuciones hay una pausa de descanso (durante 3-4 minutos) con ejercicios para la relajación de los músculos. Si el deportista percibe que en su estado la última ejecución le será imposible de realizar entonces, después de 6 u 8 minutos de descanso, se repetirán las primeras ejecuciones incluyendo el peso 100%

3. Tras un calentamiento intensivo se realizaran de 4 a 5 ejecuciones con un peso 100% y con un descanso de cualquier duración entre ejecuciones.

4. Trabajo en un régimen de excéntrico: el peso de la carga es de 120%-130% hasta el máximo en el ejercicio en concreto. Se realizan de 4 a 5 repeticiones en tres series con un descanso de 3 a 4 minutos de duración entre series. La carga se eleva en la posición inicial con ayuda de los compañeros.

5. Combinación de los regímenes de superación y excéntrico de trabajo de los músculos. Por ejemplo, se realiza una flexión con barra de discos en los hombros con un peso aproximado de 130-140% del máximo; con dicho peso el deportista se puede levantar de la posición semiflexionada (la barra se coloca en los hombros desde los soportes). En el peso de la

barra de discos se deben incluir suspensiones especiales con lastres que, al final de la flexión de las piernas, se separan de la barra y se quedan en el suelo. Con el peso restante (aprox. 70-80% del máximo durante las flexiones) se produce rápidamente el levantamiento. En una prueba se realizan de 2 a 3 movimientos con una indispensable relajación de los músculos entre unos y otros. En la serie se realizan 3 ejecuciones con un descanso entre sí de 2 a 5 minutos. En las sesiones de entrenamiento se realizarán 2 series con un descanso de 6 a 8 minutos entre ambas.

El método de aumento de la fuerza máxima contiene rasgos específicos basados en el crecimiento del diámetro de los músculos. Por ello, la magnitud de carga, aunque sin alcanzar la magnitud límite, es lo suficientemente elevada (un 75-90% del nivel máximo de fuerza del deportista). Por esta razón, se consigue garantizar una correlación óptima entre el trabajo intensivo de los músculos y la cantidad de movimientos en cada ejecución (duración del trabajo).

Durante la utilización del método isométrico de desarrollo de fuerza es necesario tener en cuenta que en el deportista cualificado, el efecto del entrenamiento se percibe tras el límite de la tensión, equivalente al 70% del nivel de fuerza y el efecto más elevado durante las tensiones establecidas en 90-100% del nivel máximo de fuerza.

Durante el desarrollo de la fuerza máxima, es conveniente orientarse en una rapidez de movimiento no demasiado intensa sin que ello dependa del método empleado.

El incremento de velocidad de movimiento está en estrecha relación con el aumento del aspecto de velocidad-fuerza en el entrenamiento y lentamente entremezcla su efecto hacia el desarrollo de la fuerza de velocidad.

Además, el ritmo elevado de movimiento es totalmente ineficaz durante la aplicación del método concéntrico, ya que en este caso las aplicaciones de las calidades de fuerza sólo se manifiestan al inicio del movimiento, y en otras fases, los músculos del deportista no reciben las cargas necesarias a causa de la inercia dada al principio del movimiento.

En la tendencia a intensificar el diámetro muscular se invierten de 3 a 6 segundos en la realización de cada movimiento.

Es también necesario tener en cuenta que, durante la realización de extensos volúmenes de trabajo dirigidos al desarrollo de la máxima fuerza a cuenta del aumento de la masa muscular, hemos de procurar que los ejercicios, realizados a ritmo lento, coincidan con los ejercicios de velocidad-fuerza, de carácter explosivo. En caso contrario, pueden disminuir las cualidades de las fibras musculares para obtener una rápida contracción debido al empeoramiento de la coordinación intramuscular. Si se calcula este peligro, entonces el desarrollo de la fuerza máxima garantizará al mismo tiempo unas condiciones favorables para el desarrollo y exteriorización de la fuerza de velocidad.

Durante una duración razonable del trabajo es necesario que en cada ejecución se tome en consideración que el aumento de masa muscular básicamente estimula el gasto de ATP, CP, proteínas estructurales (compuesto en parte por miofibras) y funcionales (enzimas, hormonas). Esto sucede en el caso de que la cantidad de repeticiones, en una prueba concreta, suministre un trabajo intensivo en el transcurso de 25-35 segundos. Tras este período las reservas de fosfágenos se agotan y se detecta un consumo significativo de proteínas. Si la duración de dicho trabajo es menor (5-10 seg) entonces, las reservas existentes de fosfocreatina rápidamente restituyen el déficit de ATP sin anotar el consumo de proteínas estructurales y funcionales. Durante el trabajo (más de 45 seg), las resistencias son relativamente de poca magnitud, la reconstitución eficaz se lleva a cabo a cuenta de la glucólisis de los músculos y los procesos de disgregación de las proteínas se realiza en menor medida. De este modo, sólo en el primer caso, en el proceso de restitución se logra obtener la resíntesis intensiva de los elementos proteínicos de los músculos y la obtención de la supercompensación.

La repetición de los sucesivos estadios de trabajo en esta fase, se confirma con un substancial estímulo en el incremento de la masa muscular.

Durante la realización de los ejercicios en régimen dinámico es necesario tener en cuenta que la parte concéntrica del trabajo es indispensable ejecutarla, por lo menos, dos veces más rápido que la excéntrica. Por ejemplo, en la elevación de la barra de pesas se necesitan de 1 a 1,5 segundos, y para su descenso de 2 a 3 segundos. De tal modo que durante la realización de un movimiento se utilizan de 3 a 4,5 segundos y en la ejecución de 10 repeticiones de 30 a 45 segundos.

Para el desarrollo de la máxima fuerza se debe tomar en consideración que existe una combinación óptima de la magnitud de carga y la cantidad de repeticiones durante el desarrollo de la máxima fuerza a cuenta del aumento del diámetro muscular. La generalización de numerosos datos aportados por la literatura nos permite establecer una dependencia entre la cantidad de repeticiones (hasta la renuncia) y la eficacia del entrenamiento. De tal modo, que podemos constatar que un entrenamiento resulta más eficaz cuando en cada ejecución se realizan entre 6 y 12 movimientos.

La duración de cada tensión de los músculos durante la realización de los ejercicios bajo un régimen isométrico se determina por el tiempo de los logros de los volúmenes de fuerza, máximos para el deportista, y de las aptitudes para reducir dichas cantidades en un determinado período de tiempo. En la literatura especializada a menudo se recomienda una tensión de corta duración, alrededor de 1-2 segundos. Sin embargo, las investigaciones demuestran que este período de tiempo no es suficiente para conseguir los más altos índices de fuerza máxima. De este modo, cuando el objetivo a conseguir consiste en la obtención de intensidades límites o casi límites, entonces la duración de trabajo debe ser diferenciada según se tenga en consideración tanto el volumen de los músculos que intervienen en el trabajo como el carácter de los ejercicios: durante la incorporación en el trabajo de grupos musculares no muy grandes, la duración de cada tensión es de 4 a 5 segundos y cuando la incorporación es de grupos musculares voluminosos entonces la tensión se aumenta a 7-8 segundos.

La influencia específica del método isocinético en el sistema muscular viene determinada por la realización indispensable de una cantidad de repeticiones mayor que las realizadas en el método isotónico y el método de resistencias variables. La eficiencia del método en el desarrollo de la máxima fuerza resulta más elevada en el caso de que la cantidad de repeticiones durante uno u otra velocidad de movimiento aumenta en un 20-30% en relación con lo habitual en los otros métodos.

La duración de las pausas entre las distintas pruebas, en este caso, es comúnmente menor que durante el desarrollo de la máxima fuerza a cuenta del incremento en la coordinación intramuscular y oscila entre 1-3 minutos. El descanso entre las pruebas, normalmente, no comporta ningún movimiento siendo de carácter meramente pasivo.

Hemos de tener también presente que en la práctica deportiva a menudo tienen lugar diversas variantes, según las cuales el período de descanso puede tener una duración mayor (hasta 4-5 minutos) permitiendo recuperar las capacidades de trabajo. Dichas pausas se plantean cuando en cada prueba o ejecución se realiza un mayor número de repeticiones (10-12) y entonces, la duración total del trabajo alcanza los 40-45 segundos.

Cuando el número de repeticiones no es muy elevado (4-6) se plantean a menudo pausas breves (30-40 segundos). Por ejemplo, pueden utilizarse series de 3 ejecuciones: 1) 6 repeticiones con cargas de un 90% del nivel máximo, siendo la duración de cada movimiento de 3 segundos (en total 18 segundos), el descanso es de 30 segundos; 2) 5 repeticiones con cargas de un 85% del máximo (15 segundos), descanso de 30 segundos; 3) 4 repeticiones con cargas de un 80% (12 segundos).

En la práctica deportiva se aplican ampliamente los programas de ejercicios, que simultáneamente contribuyen al incremento del volumen de la masa muscular y al perfeccionamiento de la coordinación intramuscular. En este caso, tienen lugar una serie de ejecuciones alternadas que influyen en diversas direcciones. Por ejemplo, en las dos primeras ejecuciones los ejercicios están dirigidos al perfeccionamiento de la coordinación intramuscular, los tres ejercicios posteriores están encaminados a aumentar el diámetro de los músculos. Una vez concluida la realización de los ejercicios dirigidos al aumento de la calidad de fuerza de uno de los grupos musculares, el deportista pasa a trabajar a fondo otro grupo de músculos.

En esta parte del libro hemos examinado de una manera más o menos general la situación de la metodología en el perfeccionamiento de la fuerza máxima del deportista. Un gran número de combinaciones de diversos componentes de cargas, resistencias, aparatos, así como la unión de diferentes ejercicios en los entrenamientos posibilitan la aplicación en la práctica de un número ilimitado de los diversos complejos eficaces de ejercicios de fuerza y el trabajo a fondo de procedimientos metodológicos de gran interés.

DESARROLLO DE LA FUERZA DE VELOCIDAD

Una vez trabajada a fondo la metodología del desarrollo de la fuerza de velocidad, hemos de orientarnos hacia el perfeccionamiento de los factores básicos que determinan el nivel de esta calidad y hacia las particularidades de su realización aplicándolo a lo específico de cada modalidad atlética.

Los factores básicos que determinan el nivel de fuerza de velocidad, se manifiestan en la coordinación intramuscular y en la velocidad de contracción de las unidades motoras.

En lo referente al diámetro de los músculos, hemos de mencionar que su papel en la aparición de la fuerza de velocidad estará condicionado por las diferentes modalidades atléticas. El diámetro de los músculos jugará, indiscutiblemente, un papel primordial en aquellos casos en los que se exige una mayor superación de las resistencias, como en los casos siguientes: las masas del propio cuerpo –corredores, saltadores de longitud, de altura, de pértiga–; las masas del propio cuerpo y de los aparatos deportivos –lanzadores de peso, de jabalina y de martillo.

Es también necesario tener en cuenta que el nivel de manifestación de la fuerza de velocidad está estrechamente ligado con el grado de asimilación del movimiento. Cuanto más elevada sea la técnica de movimiento, mayor será la eficacia en la coordinación intra- e intermuscular, mayor el dinamismo y las características temporales y espaciales del movimiento. Por ello, el deportista, tan sólo ante una técnica de movimiento correcta, está preparado para demostrar todas las posibilidades de velocidad de sus músculos.

El trabajo eficaz, encaminado a desarrollar la fuerza de velocidad, está unido a la utilización de diversos métodos. Pero, de un modo particular son efectivos los métodos excéntrico, pliométrico e isocinético.

La planificación de los componentes de carga durante la realización de diversos métodos debe garantizar unas exigencias próximas al límite dirigidas a las posibilidades de fuerza-velocidad del deportista. El amplio abanico de medios para la preparación de fuerza, tales como, aparatos, instalaciones especiales, procedimientos diversos, etc. ofrece al entrenador un dilatado número de posibilidades para planificar, del modo más racional posible, el entrenamiento para un desarrollo en dicha calidad.

Durante la realización del método excéntrico de desarrollo de la fuerza de velocidad, el deportista ejecuta los ejercicios con una velocidad límite o próxima a ésta. Si de lo que se trata es de perfeccionar el componente de fuerza de la fuerza explosiva, entonces la velocidad puede aproximarse al límite; pero en el caso que queramos perfeccionar la fuerza de arranque, la velocidad deberá ser límite.

En la metodología para el desarrollo de la fuerza de velocidad es de gran importancia garantizar la mayor rapidez posible en el proceso de la tensión de los músculos y su contracción y el proceso contrario. Para asegurar una relajación total entre los movimientos en cada prueba, se proponen de 1 a 2 segundos de pausa para acentuar en mayor medida la relajación de los músculos. Para dicho objetivo se utilizan unos procedimientos metodológicos específicos. Por ejemplo, Y.V. Verjoshansky (1988) recomienda, durante la realización de ejercicios con cargas, el método siguiente: el peso (60-80% del nivel máximo) se eleva, aproximadamente, en una tercera parte en las amplitudes del movimiento básico, luego rápidamente baja y con una transformación instantánea en un trabajo de superación se acelera con la velocidad máxima hacia la dirección contraria; la ejecución es de 3 a 5 repeticiones con relajación (la pesa se coloca sobre los soportes), la serie es de 3-4 ejecuciones con pausas de 4 a 5 minutos.

De una importancia similar es el procedimiento, relacionado con las condiciones para la transformación de la fuerza máxima en la fuerza de velocidad (Y. Hartmann, J. Tiunnemann, 1988). El movimiento se inicia con una carga elevada lo que contribuye a la incorporación en el trabajo de un gran número de unidades motoras. En el momento en el que se alcanza el esfuerzo propuesto, las resistencias disminuyen bruscamente consiguiéndose las condiciones singulares para la aparición de la fuerza de velocidad. Ante la súbita disminución de la resistencia tiene lugar una especie de movilización de las reservas, hasta el momento inactivas, con la consiguiente fase dinámica posiblemente realizada mediante una velocidad extraordinariamente elevada. Dicho procedimiento puede resultar de mayor eficacia si lo complementamos con aparatos especiales dotados de tracciones mecánicas, hidráulicas y electromagnéticas. De todos modos, la eficacia se verá plasmada mediante el uso de los procedimientos de entrenamiento habituales. El ejercicio se inicia con un peso importante, en el momento de obtención del ángulo correspondiente en las articulaciones, el deportista se libera, total o parcialmente, de la carga y concluye el ejercicio bajo unas condiciones de aligeramiento.

El mismo tipo de condiciones pueden estar presentes cuando el deportista, que realiza el ejercicio, es ayudado por un compañero. En este caso, quien realiza el ejercicio supera la resistencia correspondiente al 30-50% de su propia fuerza máxima. En la fase de movimiento concreta, el compañero le obstaculiza, obligando a aumentar bruscamente sus esfuerzos. Tras 1-2 segundos, el compañero súbitamente deja de oponer resistencia y el deportista que está realizando el ejercicio recibe las condiciones complementarias para realizar la fuerza de velocidad.

Condiciones semejantes tienen también lugar cuando se alternan los ejercicios que nos sirven para el desarrollo de la fuerza máxima y de velocidad. En este caso, el deportista alterna las ejecuciones por medio de la realización de los mismos ejercicios pero con distintas resistencias. Por ejemplo, en la primera ejecución el deportista realiza 2 o 3 veces una flexión con la barra de pesas de gran peso (80-85% de la fuerza máxima), y en la segunda, el mismo ejercicio lo realiza con una mayor velocidad y resistencia de alrededor de un 40-50% del nivel máximo.

Las resistencias oscilan ampliamente, desde el 30-40% hasta el 80-90% del nivel máximo de fuerza del deportista. La diferencia nos viene definida por cada modalidad atlética específica, así como por el perfeccionamiento de la fuerza explosiva o de arranque. Los deportistas especializados en aquellas modalidades atléticas que exigen grandes esfuerzos (por ejemplo, los lanzadores) se aplican una mayor carga, establecida en el 70-90% del nivel máximo de fuerza, que en aquellas modalidades en las que las resistencias de superación no son demasiado grandes e incluso inferiores incluso al 30-50% de nivel máximo de fuerza.

La duración de cada ejercicio deberá garantizar la posibilidad de su realización sin la disminución de la velocidad de movimiento y sin fatiga. La cantidad de repeticiones en cada ejecución puede oscilar entre una (por ejemplo, el arranque en la carrera) y hasta cinco o seis (en los saltos). Dependiendo de varios factores tales como el carácter de los ejercicios, la magnitud de la resistencia, la calificación del deportista y sus aptitudes, así como la velocidad de movimiento, la duración del trabajo en cada ejecución normalmente oscila entre 3-4 y 10-15 segundos.

La duración de la pausas de descanso, que deberá garantizar la recuperación de las aptitudes de trabajo del deportista y la eliminación de la insuficiencia de oxígeno aláctacido, dependerá del volumen de los músculos incorporados al trabajo y de la duración de cada ejercicio. Las pausas entre los ejercicios de duración breve (2-3 segundos) que no exigen la incorporación al trabajo de un gran grupo muscular, pueden ser de corta duración (30-40 segundos). El incremento del volumen de los músculos que participan en el trabajo o bien el incremento en la duración de la realización de cada ejercicio nos conduce al aumento en la duración del descanso que en casos concretos puede alcanzar los 3-5 minutos.

Si la pausas son de corta duración entonces los descansos son normalmente pasivos y a veces complementados con automasajes de los músculos.

Las pausas de larga duración deberán ser completadas con un trabajo de baja intensidad (en esté caso son de gran eficacia los ejercicios de alargamiento de los músculos) concediendo rapidez al proceso de recuperación, permitiendo obtener las condiciones óptimas para la realización de la tarea siguiente y reduciendo (en un 10-15%) la duración de los intervalos de descanso entre cada ejercicio o entre cada ejecución.

Mientras se utiliza el método isométrico se realizan esfuerzos breves (entre 2 y 3 segundos de duración) de tipo explosivo encaminados a obtener con la mayor rapidez posible el desarrollo de la tensión muscular hasta el 80-90% del nivel máximo. En una ejecución tenemos hasta 5-6 repeticiones, las pausas entre ejecuciones serán hasta la recuperación total de las aptitudes para el trabajo (normalmente 2-3 minutos). Como durante la utilización del método excéntrico, la tensión de los músculos deberá combinarse con su máxima posible relajación. Las pausas entre las ejecuciones deben complementarse con automasajes y ejercicios para la relajación y el estiramiento de los músculos.

Durante la realización del método isocinético debemos orientarnos hacia la ejecución de ejercicios de gran velocidad angular (150° por segundo o más), por lo que es necesario tener en cuenta que la aplicación de aparatos isocinéticos posibilita llevar a cabo los movimientos con una velocidad considerable (dos o tres veces) en comparación con los movimientos realizados con cargas habituales.

Durante la utilización del método de resistencias variables hemos de centrar nuestra máxima atención en conseguir el máximo estiramiento de los músculos activos en la fase concesiva de movimiento y rápidamente conseguir el paso del trabajo excéntrico al concéntrico.

En relación a otros componentes de la carga (duración de los ejercicios, duración de las pausas, etc.), durante la aplicación de los métodos isocinético y de las resistencias variables se ha de orientarnos con los mismas exigencias que se planteaban en el método excéntrico.

Si se orienta con el método pliométrico, que juega un papel de suma importancia en el desarrollo de la fuerza de velocidad, se ha de remarcar que la elasticidad de los músculos, así como el traspaso eficaz del estiramiento de los músculos y su contracción, están sujetos a un entrenamiento especial (K. Vosko, 1982). Pero en el proceso de entrenamiento se ha de tener en cuenta el siguiente axioma: en particular, se ha de tener presente que el grado de tensión de los músculos está directamente enlazado con la rapidez de su alargamiento y la velocidad del alargamiento juega un papel más importante que su tamaño.

Durante la aplicación del alargamiento preliminar de los músculos como factor que estimula la aparición de la fuerza de velocidad, es indispensable tener en consideración que tras lograr que los músculos estén en posición extendida, que se garantiza por la fuerza de los músculos-antagonistas, a continuación siguiera la fase de contracción activa de los sinergistas. Sólo en este caso se sumarían el potencial enérgico de los elementos elásticos de los músculos estirados con la energía de la contracción muscular, garantizando una manifestación a nivel máximo de la velocidad y fuerza. Ante la ausencia del paso suave del alargamiento preliminar a la contracción, el efecto del uso del ejercicio bruscamente disminuye.

Antes de realizar un extenso plan de trabajo bajo las condiciones del entrenamiento pliométrico, el deportista debe alcanzar un grado significativo de fuerza máxima, en caso contrario acrecienta las posibilidades de traumas y disminuye la eficacia del entrenamiento. Para lograr un nivel de desarrollo de fuerza se plantea una serie de exigencias concretas:

1. Antes de iniciar los saltos desde cierta altura seguidos por otros saltos hacia arriba, hemos de cerciorarnos de que el deportista puede realizar las flexiones con barra de discos que tenga el doble peso que el suyo propio.
2. Antes de saltar sobre una pierna, el deportista debe aprender a efectuar flexiones con una sola pierna al menos cinco veces seguidas (V. Cambetta, 1987).

Y. Hartmann y J. Tunnemann (1988) nos indican las instrucciones prácticas de realización del estiramiento preliminar de los músculos para que éste sea un factor eficaz de estimulación de las posibilidades de velocidad-fuerza de los músculos. En calidad de ejercicio práctico, dirigido al desarrollo de la fuerza de velocidad de los músculos extensores de la pierna, se recomienda el salto a un pozo (a una superficie situada más abajo que la de impulso). En el momento de aterrizaje, el choque con el suelo se amortigua con la flexión de las piernas, el aterrizaje se llevará a cabo con el apoyo sobre media punta. Ya en el momento del salto, los tensores nerviosos llevan a los músculos, participantes en el movimiento, al más elevado estado de preparación máxima, aumentando de este modo, su tensión y elasticidad.

El frenado del movimiento con los músculos de la pierna ayuda a la acumulación de energía en los componentes elásticos de los músculos y a la aparición del reflejo, gracias al cual, en el siguiente movimiento activo intervienen unidades motoras adicionales.

Ello estimula la eficacia del siguiente salto explosivo hacia delante-arriba. La profundidad del salto se determina según la preparación física y la masa del deportista, pudiendo oscilar entre 40 cm y 100 cm. El aterrizaje e impulso son óptimos bajo el ángulo en la articulación de la rodilla de 120°-140°. En el punto más bajo de la fase de frenado, el ángulo es de 90-100º. De esta forma, la vía de frenado se encuentra en los límites de los 30-50º.

El procedimiento metodológico más arriba señalado puede también ser utilizado para el desarrollo de la fuerza de velocidad de otros grupos musculares, como por ejemplo el de los músculos extensores de las manos.

También resulta de gran eficacia la utilización de otros ejercicios, como en el caso de los siguientes: 1) salto arriba con y sin cargas equiparables al 20-30% de la masa corporal del deportista; 2) salto en profundidad con el aterrizaje sobre una o dos piernas y con el consiguiente salto hacia arriba; 3) saltos, brincos con una pierna, saltos de una pierna a la otra, saltos con cuerda, etc.

Sin embargo, una vez expuestos los ejercicios realizables con peso propio, hemos de tener en cuenta que en el período de realización de estos ejercicios es muy difícil controlar y regular la carga. Es por ello que preferiblemente utilizaremos ejercicios con pesos. Por ejemplo, durante la realización del levantamiento del peso desde la posición tumbada, el deportista coge la barra de pesas desde los soportes especiales y la aguanta con los brazos extendidos; desde esta posición flexiona los brazos y, sin descansar la barra en el pecho, aminora lentamente el movimiento y con un movimiento explosivo eleva el aparato hasta la posición inicial.

Para el desarrollo de la fuerza de velocidad resulta eficaz la aplicación de diversos métodos variando ampliamente los procedimientos de entrenamiento.

Veamos una serie de ejercicios recomendados por Y.V. Verjoshansky (1988) y aprobados en la preparación práctica de los deportistas de alto nivel.

1. Se aplican unas cargas del 90% y 30% de las máximas. Se realizan 2 series con 2 o 3 movimientos lentos con un peso de un 90% del máximo, y después tres ejecuciones con 6-8 movimientos con un peso de 30% del máximo, con el mayor y más rápido esfuerzo posible y con la relajación, sin falta, de los músculos entre los movimientos. El descanso entre las ejecuciones es de 3 a 4 minutos y antes de cambiar de carga es de 4-6 minutos. En las sesiones de entrenamiento se realizaran de 2 a 3 series con un descanso de 8 a 10 minutos.

2. Combinación de dos regímenes isométricos diferentes para los ejercicios de aplicación local (a un determinado grupo de músculos). Al principio se realizan de 2 a 3 tensiones isométricas de máxima intensidad (6 segundos) con intervalos de 2 a 3 minutos. Después 3-4 minutos de descanso con ejercicios para relajar los músculos y 5 o 6 repeticiones del mismo ejercicio, pero con una mayor rapidez de desarrollo de la intensidad (has-

ta un 80% de la máxima). Entre las repeticiones deben existir intervalos de 2-3 minutos en los que se realizarán ejercicios dinámicos así como ejercicios de relajación. En las sesiones de entrenamiento se puede realizar ejercicios para 2 o 3 grupos de músculos. Si se entrena un sólo grupo de músculos, deberemos repetir dos veces la combinación mencionada con un descanso de 8 a 10 minutos.

3. Combinación de los regímenes isométrico y dinámico para un trabajo general de los músculos. Una intensidad isométrica máxima mediante un desarrollo de un esfuerzo ligero (6 segundos) en una actitud en la que se manifestará el esfuerzo máximo en condiciones competitivas, se realizará 2-3 veces con descanso de 2 minutos y con la relajación de los músculos entre las repeticiones. A continuación, un movimiento con cargas del 40-60% de las máximas y con un esfuerzo intensivo límite se efectuará de 4 a 6 veces y 2 ejecuciones con un descanso de 3 a 4 minutos. Todo el complejo se repite 2 veces con un descanso de 4 a 6 minutos.

4. Saltos con pesos, dos ejecuciones 6 y 8 veces. A continuación, y después de 3-4 minutos de descanso, ejercicios con saltos de esfuerzo submáximo, por ejemplo, salto de 8 pasos de una pierna sobre la otra efectuando 2 ejecuciones con 5 o 6 veces en cada una. Este complejo se repite de 2 a 3 veces con descansos de 6-8 minutos.

5. Flexiones con barra de discos sobre los hombros de peso de un 70-80% del máximo, 2 ejecuciones con 5-6 veces en cada una. Después de 4-6 minutos de descanso, ejercicios de saltos desde el mismo sitio, 2-3 ejecuciones de 6-8 veces en cada una con descanso de 6-8 minutos.

6. Flexiones con barra de discos del peso de un 80-85% del máximo, 2 ejecuciones con 2 ó 3 veces en cada una. A continuación de 3-4 minutos de pausa, saltos con pesos, 2-3 ejecuciones de 4 a 6 veces en cada una. El complejo se repite de 2 a 3 veces con un descanso de 6-8 minutos. 7. Dos ejecuciones de dos flexiones con barra de discos sobre los hombros con un peso de un 90-95% del máximo. A continuación, dos series de 6-8 impulsos hacia arriba tras un salto a profundidad. El tiempo de descanso entre las flexiones y los saltos es de 2-4 minutos, y entre la serie de saltos es de 4-6 minutos. En las sesiones de entrenamiento dicha combinación se repite dos veces con un descanso de 8-10 minutos.

El entrenador puede utilizar los principios básicos de cada uno de estos complejos durante la preparación de complejos especiales para el desarrollo de la fuerza explosiva combinándolo con otros métodos, o bien con diversos ejercicios preparatorios especiales aplicados a las diferentes modalidades deportivas.

EL DESARROLLO DE LA FUERZA-RESISTENCIA

Las particularidades en el desarrollo de la fuerza-resistencia vienen determinadas por la manifestación de las calidades de fuerza durante la eficaz ejecución de las actividades competitivas en cualquier modalidad deportiva y por la intensidad y duración del trabajo en condiciones competitivas en cada disciplina en concreto.

Dependiendo de la modalidad deportiva específica podremos establecer la relación entre la fuerza y la resistencia en un trabajo de carácter anaeróbico alactácido, anaeróbico lactácido, así como la aparición de la resistencia de fuerza aplicable a la condiciones isotónicas e isométricas de las actividades musculares.

La fuerza-resistencia del deportista posee una extraordinaria significación en la obtención de grandes logros en la carrera de 200 y 400 m.

Las facultades básicas que determinan el nivel de la fuerza-resistencia son la potencia, la capacidad, la movilidad de los sistemas de suministro de energía, así como el nivel de fuerza máxima.

Está claro, que el desarrollo de todas estas aptitudes ocupa su lugar en el sistema de preparación de los deportistas sin estar relacionado con el desarrollo de la resistencia de fuerza. Es por ello, que el objetivo de la utilización de ejercicios especiales dirigidos hacia el desarrollo de la resistencia de fuerza no está tan encaminado a acrecentar las posibilidades aeróbicas y anaeróbicas, como a ambicionar un aumento de las aptitudes del deportista y a la realización de éstas en unas condiciones de ejecución del correspondiente trabajo de fuerza. En relación con lo comentado, cabe decir que ante la elección de los ejercicios, dirigidos hacia el desarrollo de la resistencia de fuerza, hemos de partir de necesidad de crear condiciones según las actividades competitivas específicas para cada atleta. Ello exige, antes que nada, la aplicación de los ejercicios que por su estructura externa e interna son próximos a los requeridos en la competición. Antes de su elección, hemos de fijar nuestro punto de mira en los componentes que nos pueden poner de manifiesto la fuerza.

Se utilizan un gran número de cargas complementarias. Por ejemplo, en la carrera tenemos: la carrera en la arena, carrera en la montaña o carrera con cinturones lastrados.

El ritmo de realización de los ejercicios de entrenamiento se elige de tal modo que posibilite el ritmo que es característico durante las actividades competitivas. Esto puede llevarse a cabo con relativa facilidad en las modalidades deportivas cíclicas, y en nuestro caso, en la carrera atlética.

Los ejercicios dinámicos, normalmente, se realizan repetidamente hasta un cierto sentimiento de fatiga. Dependiendo de la magnitud de la resistencia y del ritmo del movimiento determinados por el carácter de suministro de energía para el trabajo, la duración de cada ejercicio puede oscilar entre 10-15 segundos y unos minutos.

Durante el trabajo bajo un régimen estático la duración de los ejercicios oscila normalmente entre 10-12 segundos y 30-40 segundos y depende de la magnitud de intensidad de los músculos.

La duración de las pausas entre los ejercicios puede ser distinta dependiendo de la duración de los ejercicios y el volumen de los músculos activos. Si los ejercicios son de corta duración (30-60 segundos) y, como resultado de varias ejecuciones se trata de alcanzar un cansancio total, entonces la siguiente repetición se efectuará al cabo de un breve período antes de la total recuperación. Por ejemplo, entre los ejercicios de 15-20 segundos de duración los intervalos de descanso pueden ser de 5-15 segundos; entre los de 30-40 segundos pueden ser de 20-30 segundos y entre los ejercicios de 60-90 segundos, de 30-60 segundos.

Si los ejercicios son extensos (unos cuantos minutos de duración) y el logro del resultado del entrenamiento se obtiene mediante la influencia de cada ejercicio en concreto y no mediante la serie completa, entonces la duración de los intervalos de descanso debe ser la suficiente para la recuperación de las capacidades laborales del deportista lo más próxima posible a su nivel inicial.

Durante la realización de ejercicios en serie, las pausas entre cada ejercicio deben ser de corta duración dando lugar a un aumento de la fatiga entre una repetición y otra. Las pausas entre las series deben ser lo suficientemente amplias como para recuperar la capacidad de trabajo y crear las condiciones óptimas para la realización del primer ejercicio de la serie siguiente con un nivel elevado de la rentabilidad. Las siguientes series pueden resultar de gran eficacia: 1) 6 x (6 x 15 seg) las pausas entre los ejercicios son de 10 seg, entre las series son de 90 seg; 2) 4 x (4 x 30 seg) las pausas entre los ejercicios son de 15 seg, entre las series son de 3 minutos; 3) 4 x (4 x 60 seg), las pausas entre los ejercicios son de 30 seg, entre las series son de 4-5 minutos.

EL PERFECCIONAMIENTO DE LAS APTITUDES PARA LA REALIZACIÓN DE LAS CUALIDADES DE FUERZA

El volumen y la intensidad del trabajo dirigido hacia el desarrollo de la fuerza conduce esencialmente al deportista a aumentar el nivel máximo de fuerza, la resistencia de fuerza y la velocidad de fuerza. Sin embargo, el nivel de desarrollo de las calidades de fuerza se manifiestan preferiblemente en aquellas actividades motoras y condiciones de trabajo que tienen lugar en el proceso de entrenamiento.

Queremos remarcar que un mayor nivel de cualidades de fuerza del deportista no siempre garantiza el crecimiento de sus posibilidades de fuerza durante sus actividades y procedimientos característicos para una modalidad deportiva en concreto. A menudo, el deportista que ha demostrado unos elevados índices de fuerza en los ejercicios de fuerza habituales puede no estar en condiciones de alcanzar unos índices de fuerza elevados en los componentes de fuerza de una modalidad deportiva concreta (por ejemplo, en la carrera atlética). Esto se explica por la ausencia de conexiones indispensables entre las aptitudes de fuerza, una aplicación concreta de las técnicas y la preparación funcional del deportista. Sabemos que el objetivo final de la preparación de fuerza se manifiesta, precisamente, en el logro de índices de fuerza altos y en la potencia del movimiento características de la modalidad deportiva concreta. Es por ello que, en la preparación de fuerza, se distingue una parte relacionada con el aumento de las cualidades del deportista para utilizar su potencial de fuerza en las actividades competitivas.

El principio de la conexión de influencias está presente en la base metodológica para el perfeccionamiento de las aptitudes para la realización de las cualidades de fuerza en las actividades competitivas. Su esencia se reduce al aumento en la preparación funcional del deportista y en el proceso de formación de las bases de su maestría técnica en condiciones del desarrollo similtáneo de las cualidades de fuerza. Si se observa el principio de conexión de influencias, entonces el nivel de aumento de la preparación del deportista se enlaza estrechamente con su técnica creando un sistema lo suficientemente coordinado. La desviación de este principio conlleva una desconexión de los índices mencionados.

Como ya se ha comentado, nunca se ha de olvidar que la preparación de fuerza del deportista debe necesariamente corresponder a la específica de la modalidad deportiva escogida. Esto se manifiesta en sobremanera en el desarrollo dominante de aquellas cualidades de fuerza y en aquellas manifestaciones y combinaciones impuestas por la actividad competitiva eficaz.

Pero las cualidades de fuerza específica que se manifiestan en las actividades competitivas exigen una interrelación orgánica con el arsenal de medios y procedimientos técnicos y tácticos. Y esto sólo es posible garantizarlo con la realización de ejercicios competitivos y de preparación especial que permitan favorecer la simultaneidad en el perfeccionamiento de la fuerza y la preparación técnico-táctica del deportista.

Al mismo tiempo, la práctica nos demuestra que durante la realización de ejercicios de este tipo no es posible obtener un desarrollo de la fuerza completo, incluso en este tipo de modalidades deportivas en las que el componente de fuerza juega un papel director en el logro de los resultados deportivos. Es por ello que en el deporte actual perdura el problema en la preparación básica de fuerza y en el consiguiente perfeccionamiento de la aptitudes para la realización de las cualidades de fuerza en actividades específicas particulares para cada modalidad deportiva.

Dentro de un entrenamiento anual o bien, de un macrociclo, independientemente de la modalidad deportiva, la estructura del proceso de entrenamiento y las particularidades de la preparación de fuerza, podemos observar la existencia de tres fases interrelacionadas entre los distintos niveles de posibilidades de fuerza del deportista (como consecuencia de la preparación de fuerza) y sus aptitudes en la realización de las cualidades de fuerza en el proceso de las actividades competitivas: 1) fase de disminución en la realización; 2) fase de adaptación; 3) fase de desarrollo paralelo.

La fase de disminución en la realización normalmente abarca entre 4 y 6 semanas tras el inicio de la preparación de fuerza intensiva. El brusco crecimiento de las cualidades de fuerza como resultado de una amplia aplicación de métodos de preparación general y auxiliar establece una contradicción con la establecida coordinación de la estructura del movimiento. Se alteran coordinación intra- e intermuscular y mecanismos de regulación del movimiento establecidos, disminuye la elasticidad de los músculos y ligamentos, empeora el sentido de ritmo y de esfuerzos desarrollados, etc. Todo ello conduce a una disminución en la eficacia de las acciones técnico-tácticas, del nivel de resistencia, etc.

El inicio de la fase de adaptación hemos de enlazarla con un aumento paulatino de las posibilidades para la realización de las cualidades de fuerza. Esto se manifiesta en un aumento del coeficiente de utilización de las cualidades de fuerza cuando el deportista ejecuta los elementos competitivos básicos peculiares de cada modalidad deportiva; y del mismo modo se manifiesta en una restitución de percepciones especiales tales como el sentido temporal, el sentido de los esfuerzos desarrollados y otros. Durante el transcurso de esta fase se denota un aumento gradual en la mejora de la estructura dinámica y cinemática del movimiento, y la técnica, cada vez en mayor grado, concuerda con un aumento en el nivel de las cualidades de fuerza. La duración de la fase en cuestión puede prolongarse hasta 3-4 semanas.

La fase de desarrollo paralelo es de larga duración. En esta fase el perfeccionamiento de las cualidades de fuerza se realiza paralelamente con el proceso de formación técnica del deportista. La extensa aplicación de ejercicios especiales de fuerza permite enlazar de un modo bastante rápido y eficaz el aumento del nivel de las posibilidades de fuerza con el resto de componentes que, a fin de cuentas, garantizan una actividad competitiva eficaz.

Durante la planificación de los programas de entrenamiento, orientados hacia el desarrollo de la fuerza, es necesario conseguir un tipo de entrenamiento que a la par que aumente el nivel de fuerza máxima, fuerza resistencia y fuerza de velocidad esté capacitado para perfeccionar las aptitudes de cara a la realización de las cualidades de fuerza. Además, es también indispensable planificar un programa especial orientado al aumento de la eficacia de la realización. Estos ejercicios deberán responder, en su totalidad, a una serie de exigencias específicas y condiciones de la actividad competitiva así como, en todos los parámentos de la carga (excepto el de la magnitud), estar aproximados, en la medida de lo posible, a los ejercicios de preparación especial y competitivos.

Lo específico de la modalidad del atletismo y relacionados con ello las particularidades del entrenamiento, así como las actividades competitivas condicionan la selección de métodos, de organización y técnicos del perfeccionamiento de las aptitudes que nos conducirán a la realización de las cualidades de fuerza del deportista según las condiciones de su actividad específica. Por ejemplo, en la carrera atlética estos métodos son: carrera por montaña, por la arena, a contra viento, carrera con cinturones lastrados; en los lanzamientos, es el uso de aparatos con peso más grande que el normal.

De esta forma, la organización de los estímulos complementarios para desarrollar cualidades específicas de fuerza pueden llevarse a cabo mediante diferentes vías sin que esto exija ni aparatos complejos ni instalaciones. La iniciativa y la búsqueda creativa permiten al entrenador establecer unas condiciones para el eficaz desarrollo de las cualidades de fuerza específicas del deportista durante la realización de los ejercicios de preparación especial y los competitivos y, al mismo tiempo, diversificar esencialmente el proceso de entrenamiento.

Es conveniente llevar a cabo el uso de los diversos procedimientos para aumentar el papel del componente de fuerza durante la realización por parte del deportista de diferentes ejercicios de preparación especial y competitivos, manteniendo una técnica motora racional y unas bases metodológicas de desarrollo de las cualidades de fuerza tales como la duración del trabajo, su intensidad, el régimen de trabajo y descanso, etc. En este caso, la aplicación de resistencias complementarias no sólo contribuirá al aumento de nivel de las cualidades de fuerza del deportista, sino que también les garantizará un lazo de unión con aquellos elementos de la técnica deportiva que exigen un nivel elevado de aptitudes de fuerza y finalmente, garantizará una eficaz realización de los diversos tipos de fuerza en las actividades competitivas.

El deportista, durante la realización de los ejercicios dirigidos hacia el perfeccionamiento de las aptitudes de realización de la resistencia de fuerza en las modalidades deportivas cíclicas (por ejemplo, en las disciplinas de carrera en el atletismo), debe trabajar bajo el ritmo que le garantice un movimiento con la máxima potencia. Si dichas característica no están condicionadas por un determinado ritmo que está relativamente delimitado y se persigue una velocidad excesiva, inevitablemente se perderá la potencia. De tal modo, se obtiene una eficacia mayor cuando existe una correlación determinada entre el ritmo y la magnitud del esfuerzo del deportista ayudando a incrementar las aptitudes para la utilización del potencial de fuerza y su mejor aplicación bajo las condiciones de las actividades competitivas.

EL DESARROLLO DE LAS CUALIDADES DE FUERZA EN EL SISTEMA DE ENTRENAMIENTO DE LOS ATLETAS

Los diferentes métodos y procedimientos utilizados en el entrenamiento de fuerza ejercen una influencia suficientemente intensa en el organismo del deportista, especialmente en su aparato locomotor y en su sistema nervioso.

Cuando el entrenamiento tiene una organización racional entonces otorga un gran resultado tanto en el desarrrollo de las diversas cualidades de fuerza como en el incremento de la masa muscular, su relieve y en un cambio de complexión del deportista.

Pero cuando este principio de entrenamiento de fuerza se ve perturbado, su eficacia se reduce y las probabilidades de alteración en la salud del deportista aumentan bruscamente en la forma de traumatismos en los músculos, ligamentos, tendones y en las articulaciones. Esto sobre todo se observa en los deportistas jóvenes, en los que aún no ha concluido el crecimiento del aparato locomotor y que aún no poseen el suficiente nivel de desarrollo de las cualidades de fuerza. Se han de tomar precauciones en la estructuración de la preparación de fuerza del deportista a principios del año de entrenamiento y después de un largo intervalo entre las sesiones.

En todos los casos similares, un período más o menos largo de trabajo de preparación (de 2 a 3 semanas hasta 4-8 meses) debe preceder al entrenamiento de fuerza de carácter intensivo. Así, para el deportista de alto nivel le es suficiente con un par de semanas de trabajo preparatorio para después entrenarse para el trabajo intensivo de fuerza a principios del año tras un período de transición una vez concluida la temporada anterior. En cambio, para trabajar eficazmente la fuerza, los deportistas jóvenes necesitan pasar varios meses (no menos de 4-5) realizando un entrenamiento multilateral del aparato locomotor y del sistema nervioso. En este período, el deportista deberá asimilar correctamente la técnica del movimiento, incrementar el nivel de su flexibilidad, endurecer el sistema muscular, crear el nivel básico de resistencia, etc. Durante este tiempo, es indispensable orientarse hacia los ejercicios más simple y no utilizar el ritmo máximo al ejecutarlos; las pausas entre ejercicios deberán garantizar una total recuperación. No se deberán aplicar grandes cargas ya que para este tipo de trabajo el uso del 40-50 % de carga resulta de gran eficacia para el desarrollo de la cualidades de fuerza y, en este caso, hasta para la fuerza máxima. La cantidad de repeticiones en cada ejecución no deberá sobrepasar el 50-60% del límite posible. El volumen total del trabajo de fuerza en cada instrucción no será de más del 50-60%, según las posibilidades concretas de cada deportista y con una frecuencia de 2 a 4 veces por semana. El objetivo primordial no consiste en conseguir un desarrollo de un grupo muscular ya que el entrenamiento de fuerza debe ser multilateral y garantizar su influencia en todo el sistema muscular. Los ejercicios deberán establecer el cumplimiento del movimiento con una gran amplitud con la incorporación paralela de los músculos sinérgicos y los músculos antagónicos.

En función de la adaptación del aparato locomotor y del aumento de las cualidades de fuerza se complica gradualmente el proceso de entrenamiento. Se incorporan ejercicios de mayor dificultad; sin embargo, durante su realización técnica completa se aumenta la magnitud de la carga (hasta 70-85% del nivel máximo de fuerza) y pueden acortarse las pausas de descanso. Periódicamente se pueden realizar ejercicios con un número de repeticiones que roce el máximo. En ciertas clases, el volumen de trabajo puede alcanzar el 80-90% del nivel máximo. Durante el desarrollo de la fuerza de velocidad se pueden ir incluyendo, poco a poco, ejercicios realizados con una velocidad límite y con una resistencia lo suficientemente intensa. En este período no se debe olvidar el trabajo indispensable sobre la flexibilidad y el equilibrio del desarrollo de fuerza de los diversos grupos de músculos. Como ya se ha mencionado, el proceso de entrenamiento resulta de mayor eficacia mediante la utilización de métodos diferentes. Testimonio de ello son la práctica deportiva actual y los resultados de muchas investigaciones, a lo largo de los años, que han demostrado de manera convincente el prevalecimiento del programa combinado de entrenamiento de fuerza en comparación con el programa unilateral basado en la aplicación de tan sólo uno de los métodos para el desarrollo de fuerza, independientemente de que el método en sí, resultase eficaz.

No obstante, queremos señalar que durante la utilización del complejo construido en base a los diversos métodos surge, en primer lugar, el problema de la correlación del trabajo de fuerza con el uso de los diferentes métodos y, en segundo lugar, aparece el problema respecto al lugar de aplicación de un método u otro en las diversas etapas del proceso de entrenamiento.

El punto de referencia para determinar el vínculo racional entre diferentes métodos aplicados en la práctica deportiva es la consideración, ante todo, de la específica de la modalidad deportiva. Por ejemplo, los lanzadores de martillo y de pesas, los saltadores de altura y los de longitud deben orientarse en primer lugar en los métodos explosivo, concéntrico y excéntrico.

En la práctica deportiva, se presenta de gran interés el mecanismo de interacción de los efectos del entrenamiento de fuerza, logrados mediante la utilización de métodos diferentes durante la aplicación de los programas combinados. La utilización de diferentes métodos de entrenamiento de fuerza conduce a un resultado multilateral medio, pero no garantiza una suma de los efectos de los diversos métodos. Así, por ejemplo, la utilización paralela de los métodos isométrico, concéntrico e isocinético es capaz de llevar a un incremento de la fuerza (del 0,5 hasta el 2% en una sesión) registrable en cualquiera de los métodos antes mencionados. Sin embargo, el nivel medio de aumento de la fuerza conseguido de esta forma es varias veces menor si lo comparamos con el entrenamiento realizado únicamente con el método de entrenamiento isotónico (condicionado por el hecho que el control de fuerza será con este mismo método). Si el control utilizado está bajo las condiciones del método isométrico esto dará lugar a una atenuación en el incremento de la fuerza e incluso pueden registrarse unos índices mayores en aquellos en los que se utilizó el programa combinado.

De la misma importancia es el registro de las regularidades del aumento de fuerza durante la utilización de los diferentes métodos. Por ejemplo, investigaciones especiales (S. Atha, 1981) han constatado que la utilización del método isométrico en el período inicial de entrenamiento de fuerza concede un mayor aumento de fuerza, pero posteriormente su eficacia disminuye. Con el método excéntrico, el caso es el contrario ya que su baja eficacia característica para la etapa incial de entrenamiento de fuerza se ve incrementada posteriormente. Al método isocinético lo podemos definir con un término medio y se caracteriza por un aumento sistemático de la fuerza.

TABLA II: Correlación aproximativa de los diversos métodos de preparación de fuerza de los deportistas en la etapa básica de preparación de varios años (en % del volumen total de preparación)

Métodos	Semanas de preparación											
	1	2	3	4	5	6	7	8	9	10	11	12
Isométrico	10	20	20	20	10	10	10	10	5	–	–	–
Concéntrico	10	70	50	45	40	35	30	30	30	30	30	35
Excéntrico	5	5	10	10	15	15	15	15	20	20	20	20
Resistencias variables	5	5	15	15	15	15	20	25	25	30	30	30
Isocinético	–	–	5	10	10	15	15	15	15	15	10	5
Pliométrico	–	–	–	–	5	5	5	5	10	10	10	10

Si intentamos abstraernos de las modalidades deportivas en concreto, podemos proponer a modo de ejemplo la combinación de diversos métodos en un proceso de entrenamiento de fuerza de 12 semanas (tabla 2). Dicha combinación puede resultar eficaz para los deportistas especializados en diversas modalidades deportivas durante la etapa básica del entrenamiento de muchos años. También puede ser eficaz en la etapa de entrenamiento orientada a alcanzar grandes logros para aquellos deportistas especializados en las modalidades deportivas que exigen grandes posibilidades de fuerza manifestadas en diversos regímenes de trabajo de los músculos.

Lo característico de las diversas modalidades deportivas ejerce una influencia básica en la interrelación de los diferentes métodos de entrenamiento de fuerza.

En las tablas 3 y 4 se ofrece un ejemplo de la relación entre los diferentes métodos de entrenamiento de fuerza en la etapa de entrenamiento orientada a la obtención de altos rendimientos por parte de los deportistas especializados en distintas modalidades atléticas. Las disciplinas de fuerza velocida (saltos y lanzamientos) exigen una amplia aplicación de los ejercicios reali-

TABLA III: Correlación aproximativa de los diversos métodos de preparación de fuerza de los lanzadores de martillo, de disco, saltadores de altura, longitud y triple salto en la etapa de preparación de alto rendimiento (% del volumen total de preparación de fuerza)

Métodos	Semanas de preparación											
	1	2	3	4	5	6	7	8	9	10	11	12
Isométrico	30	30	20	20	15	15	10	5	–	–	–	–
Concéntrico	60	55	55	45	40	30	30	20	20	25	35	40
Excéntrico	5	10	10	15	15	20	20	25	25	25	20	25
Resistencias variables	–	–	10	10	15	15	15	20	20	20	15	15
Isocinético	–	–	–	–	5	5	10	15	15	10	5	–
Pliométrico	5	5	5	10	10	15	15	15	20	20	20	20

TABLA IV: Correlación aproximativa de los diversos métodos de preparación de fuerza para los velocistas de media distancia en la etapa de preparación de alto rendimiento (% del volumen total de preparación de fuerza)												
Métodos	Semanas de preparación											
	1	2	3	4	5	6	7	8	9	10	11	12
Isométrico	10	15	15	10	10	5	–	–	–	–	–	–
Concéntrico	50	45	45	40	35	30	30	25	25	35	40	50
Excéntrico	–	–	–	–	5	10	10	10	10	5	5	–
Resistencias variables	20	20	20	25	25	25	25	30	30	25	20	20
Pliométrico	–	–	–	–	–	5	5	5	5	10	10	5

zados utilizando el método isométrico para el desarrollo de la fuerza máxima, el método excéntrico para el desarrollo de la fuerza máxima y la fuerza velocidad; el método de choque para el desarrollo de la fuerza velocidad. Los representantes de la modalidades cíclicas (carrera), basándose en las características específicas de la competición, estructuran su entrenamiento principalmente con la aplicación del método concéntrico, del método de las resistencias variables y del método isocinético garantizando un desarrollo de las cualidades de fuerza de los deportistas en estrecha relación con las exigencias de la modalidad deportiva en cuestión.

EL CONTROL DE LAS CUALIDADES DE FUERZA DE LOS ATLETAS

El control del nivel de desarrollo de la fuerza máxima, de la fuerza velocidad y de la fuerza resistencia es imprescindible en la práctica deportiva.

Es posible valorar las cualidades de fuerza del deportista durante los diferentes regímenes de trabajo de sus músculos (dinámico o estático), en los test específicos o no específicos, con la aplicación de aparatos de medición o sin ellos. Se registran los índices absolutos junto a los índices relativos.

En el proceso de control de las cualidades de fuerza es necesario garantizar una unificación del régimen de trabajo de los músculos, de la posición inicial, de los ángulos de flexión de las articulaciones, de la orientación psicológica y de la motivación (W. Hollman, T. Hettinger, 1980; S. Atha, 1981).

El procedimiento más simple para valorar la fuerza del deportista es por medio de régimen estático. Para constatarlo se utilizan diversos mecanismos, dinamómetros y dinamógrafos tensimétricos que permiten valorar selectivamente la fuerza máxima de los diversos grupos musculares.

Sin embargo, hemos de considerar que la fuerza estática no se manifiesta de un modo particular en relación con las actividades del deportista en la inmensa mayoría de las modalidades deportivas. Refleja, en cierta medida, el potencial básico de esta cualidad y no garantiza un nivel elevado de aptitudes de fuerza del deportista en el proceso de ejecución de los ejercicios específicos y de competición.

También es importante saber que en las investigaciones llevadas a cabo bajo un régimen estático, las posibilidades de fuerza son valoradas conforme a un punto concreto de la amplitud de movimiento y estos datos no pueden ser aplicados en toda su extensión.

En este ámbito, son significativamente más informativos los sondeos llevados a cabo durante el régimen dinámico de trabajo de los músculos. Pero esto depende en gran medida de la metodología de registro de la fuerza. En particular, la valoración sufre carencias considerables cuando se realiza un movimiento dinámico con el máximo posible de cargas. En este caso, la resistencia es continua ya que se está utilizando una carga estándar.

La fuerza de los músculos durante toda la amplitud del movimiento varía en el porcentaje de carga desde el máximo.

La exactitud en la valoración de las cualidades de fuerza del deportista aumenta significativamente bajo un régimen de trabajo isocinético. Los aparatos isocinéticos y los dispositivos de diagnóstico preparados en base a dichos aparatos tienen una gran aplicación en la práctica deportiva actual. En el proceso de movimiento isocinético la resistencia de los dispositivos es variable, garantizando una intensidad máxima en el transcurso del movimiento completo y permitiendo en cualquiera de sus puntos poner de manifiesto un nivel de fuerza máxima.

Lo más característico de este método reside en el hecho que la fuerza máxima aparece con distintas fuerzas velocidades como resultado de los dispositivos utilizados. De la misma manera que en los movimientos dinámicos con cargas máximas la velocidad relativa supera los 60° por segundo, en los movimientos isocinéticos la velocidad se desarrolla en el marco de los 0 y los 300° por segundo, acercándose los más posible a la velocidad que se alcanza en el proceso de realización de las actividades competitivas.

Para determinar el potencial de fuerza de los deportistas se utilizan con éxito diversos sistemas diagnósticos. Por ejemplo, el complejo diagnóstico de la empresa "Suvej" permite registrar la máxima fuerza isométrica en cualquier punto del movimiento.

La fuerza velocidad en la práctica deportiva se mide habitualmente mediante métodos indirectos; ésta puede variar según el tiempo que utiliza el deportista para realizar un movimiento con resistencias dadas (normalmente del 50, 75 o 100% de las máximas), según la altura del salto hacia arriba desde el mismo sitio. Este control de la fuerza de velocidad suele acompañarse de un control de la manifestación de la rapidez y de las posibilidades técnicas. Pueden utilizarse como ejemplo los índices que reflejan la eficacia de la salida (el tiempo que transcurre desde la señal de salida hasta 30 m de carrera).

En el proceso de control del entrenamiento de la fuerza a menudo se requiere una diferenciación en el momento de valorar el nivel de desarrollo de la fuerza de salida y la fuerza explosiva del deportista como forma de manifestación de su fuerza velocidad.

Es mejor determinar las capacidades para desarrollar la fuerza con mayor rapidez, el nivel del desarrollo de la cual se valora por la fuerza velocidad, mediante resistencias de 30-40% del nivel de fuerza máxima del deportista. La duración del trabajo debe ser corta, hasta 50-60 m para garantizar unas aptitudes de los músculos definidas para una mayor rapidez en el desarrollo de las fuerzas al principio de aplicación de la carga. Por ello, los controles básicos utilizados para la evaluación de la fuerza velocidad deberán presuponer unas cargas simples y de corta duración que serán características para cada modalidad atlética en concreto (en los inicios de las fases de movimientos).

En el control de la fuerza velocidad se utiliza como índice el gradiente de fuerza. Se determina mediante la relación establecida entre la fuerza máxima y el tiempo para lograrla o el tiempo para lograr el nivel máximo de la fuerza muscular (gradiente absoluto) o cualquier nivel de fuerza, por ejemplo 50%, 75% de nivel máximo (gradiente relativo).

La diferencia en los índices de gradiente absoluto es amplia, esencialmente en los deportistas especializados en diversas modalidades deportivas (Y.M. Kots, 1986; Y. Hartman, J. Tuneman, 1988).

La fuerza velocidad puede valorarse bien, sobre todo, en el trabajo bajo un régimen isocinético con una elevada velocidad angular de movimiento. De esta forma, resultan significativas las magnitudes del gradiente relativo de la fuerza, es decir, el tiempo para lograr un 20, 30, 40% de nivel máximo de la fuerza muscular. Como consecuencia, para el control de la fuerza explosiva se han de utilizar aquellos controles basados en los movimientos completos de cada modalidad atlética. La valoración de la fuerza explosiva es conveniente realizarla por medio de la fuerza de gradiente absoluto.

La resistencia de fuerza del deportista se valora mediante la realización de unos movimientos de carácter imitativo, semejantes en la forma y en las particularidades del funcionamiento del aparato neuromuscular a los ejercicios de competición, pero con el aumento de los componentes de fuerza. Por ejemplo, para los atletas-corredores es la carrera con resistencia complementaria en condiciones de laboratorio o en estadio, la carrera con la ruta habitual por montaña.

El aumento en la calidad del control de la fuerza resistencia es favorecido por medio de la utilización de complejos aparatos y diagnósticos de fuerza específicos para cada modalidad atlética, permitiendo controlar la cualidad de fuerza del deportista a cuenta de las particularidades en su aplicación en los entrenamientos especiales y en las actividades competitivas.

Un análisis objetivo de la preparación de fuerza de deportista nos permite registrar diferentes índices de carácter local que reflejan el desarrollo de la fuerza en cada grupo de músculos, la eficacia de las actividades del aparato neuromuscular y su potencial. Para ello se utilizan diversos índices especiales: pedagógicos, biomecánicos, fisiológicos, morfológicos, psicológicos.

Para el control en el entrenamiento de fuerza de los deportistas en las modalidades atléticas de velocidad-fuerza se puede, por ejemplo, recomendar el registro de los siguientes índices: la distancia del lanzamiento del peso como resultado del lanzamiento desde por detrás de la cabeza con las dos manos, m. (los músculos de los brazos); longitud del triple salto con 10 pasos de carrera, m. (los músculos de las piernas); altura del salto hacia arriba desde el mismo sitio con impulso de los brazos, cm. (los músculos de las piernas) (V.A. Krejer, V.B. Popov, 1986).

Entre los índices biomecánicos que extienden las posibilidades de control del entrenamiento de fuerza del deportista, nombraremos la fuerza absoluta y relativa de repulsión del apoyo, el tiempo (seg) de alcance del esfuerzo máximo durante la repulsión del apoyo para las modalidades deportivas de difícil coordinación y para las de fuerza velocidad (saltos, lanzamientos).

Podemos recibir información de gran utilidad para las características de fuerza del deportista a cuenta del registro del volumen de la masa muscular, de la relación con las fibras musculares básicas para cada modalidad atlética, de definición del tono de los músculos en estado de tensión de tiempo latente de tensión de los músculos como respuesta a los diversos excitantes, del registro de los músculos biopotenciales (EMG), de las amplitudes (mV) y de la frecuencia (Hz).

CAPÍTULO IV

El desarrollo de la resistencia en los atletas

El desarrollo de la resistencia general de los atletas soluciona dos problemas básicos. Otorga las perspectivas para cambiar a un aumento en las cargas de entrenamiento y el traslado de la resistencia sobre las formas escogidas de ejercicios deportivos. Esto comporta una diferencia esencial en los medios y procedimientos para el desarrollo de la resistencia global dependiendo de las exigencias dictadas en función de las diversas características de cada modalidad atlética.

En la planificación del trabajo, orientado al desarrollo de la resistencia general de los deportistas cualificados, ante todo hemos de tener en cuenta una rígida dependencia de su orientación, de los tipos de métodos y procedimientos y de la especialización del deportista.

El mismo valor en la metodología del desarrollo de la resistencia general de los deportistas especializados en diversas modalidades atléticas tienen: el período en cuyo transcurso se realiza el trabajo principal dirigido hacia el desarrollo de una cualidad en cuestión (son, principalmente, la primera etapa y, en cierto modo, en la segunda etapa del período preparatorio); el conjunto de procedimientos (se aplican ejercicios de preparación general y auxiliar); y, finalmente, el volumen de trabajo encauzado para el desarrollo de la resistencia general como resultado del trabajo total de entrenamiento.

Las diferencias básicas en la metodología para el desarrollo de la resistencia general de los atletas de diversas especialidades se manifiesta con un volumen de procedimientos variados orientados al perfeccionamiento de la resistencia general conforme al trabajo de carácter diverso: ejercicios de larga duración con una intensidad moderada (de carácter aeróbico) que incorporan al trabajo una parte significativa del aparato muscular; ejercicios de velocidad, de velocidad-fuerza y de fuerza; ejercicios que plantean árduas exigencias a las posibilidades anaeróbicas; procedimientos que contribuyan al desarrollo de la flexibilidad y la agilidad, etc.

En la tabla nº 5 se exponen unos ejemplos de correlación entre diversas etapas en el desarrollo de la resistencia general durante el entrenamiento de los deportistas cualificados. Con frecuencia, en los atletas especializados en carreras de distancia larga y media, el desarrollo de la resistencia general está relacionado con el aumento de las posibilidades del organismo para realizar con eficacia un trabajo de intensidad elevada y moderada que exija una movilización máxima de las aptitudes aeróbicas. En esta circunstancia se garantizan las condiciones para soportar un trabajo de mayor volumen, para un restablecimiento total después de las cargas y además, se conceden

TABLA V: Correlación de los apartados de desarrollo de la resistencia durante el entrenamiento de los atletas cualificados (% del volumen total de trabajo en un macrociclo)

Duración del trabajo en el período de entrenamiento	DESARROLLO DE LA RESISTENCIA (%) EN RELACIÓN AL TRABAJO			
	Carácter aeróbico	Carácter anaeróbico (glucolítico)	De velocidad De velocidad-fuerza	Orientado al desarrollo de la flexiblidad y la coordinación
Hasta 15-20 seg	20	20	45	15
20-45 seg	25	30	30	15
45-120 seg	40	25	20	15
3-10 min	50	25	15	10
10-30 min	60	20	10	10
30-80 min	70	15	5	10
80-120 min	75	15	5	5
Más de 120 min	80	10	5	5

las condiciones necesarias para la manifestación de un nivel elevado de posibilidades aeróbicas en el transcurso de un trabajo especial.

El proceso de desarrollo de la resistencia es significativamente más complicado en los deportistas especializados en las modalidades atléticas de velocidad-fuerza y en las distancias de velocidad (esprínter) de las modalidades cíclicas. El trabajo, orientado hacia el incremento de las posibilidades aeróbicas del atleta, deberá ser llevado a cabo sólo en el volumen que garantice una realización eficaz del trabajo y un transcurrir paulatino de los procesos de restablecimiento y, al mismo tiempo, no provocar obstáculos para el subsiguiente desarrollo de las cualidades de fuerza del deportista y el perfeccionamiento de su técnica de velocidad. El apoyo básico debe asentarse en el aumento de las aptitudes para el trabajo durante la realización, por parte de los atletas, de diversos ejercicios de preparación y auxiliares, dirigidos al desarrollo de las cualidades de velocidad-fuerza, de posibilidades anaeróbicas, de flexibilidad y de coordinación.

En este apartado no haremos hincapié en aquellos temas referentes a la metodología de la realización en el proceso de entrenamiento de todos los momentos de desarrollo de la resistencia dado que en esta metodología se exponen, más abajo, las posiciones metodológicas básicas realizadas en el proceso de desarrollo completo de la resistencia especial del deportista o en el de perfeccionamiento de algunos de sus componentes. Por ejemplo, durante el desarrollo de la resistencia con arreglo al trabajo de carácter aeróbico se utilizan básicamente los mismos principios que se usan en el proceso orientado al incremento de las posibilidades aeróbicas; y en el desarrollo de la resistencia durante el trabajo anaeróbico (glucolítico) se utilizan los procedimientos para el aumento de las posibilidades anaeróbicas (V.N. Platonov, M.M. Bulatova, 1992)

EL AUMENTO DE LAS POSIBILIDADES ALACTÁCIDO-ANAERÓBICAS DE LOS ATLETAS

Para un aumento en las posibilidades aeróbicas alactácidas del atleta relacionadas con el aumento de las reservas de las combinaciones macroenergéticas fosfóricas se utilizan de un modo más o menos aceptable unas cargas de corta duración (se prolongan 5-10 segundos) de intensidad límite. Unas pausas significativas (hasta 2-3 minutos) permiten garantizar el restablecimiento de los fosfatos macroenergéticos y evitar una activación de glucólisis durante la ejecución de una parte del trabajo (V.M. Zatsiorsky, 1980).

No obstante, es necesario tener en cuenta que dichas cargas, al favorecer una activación límite de las fuentes energéticas alactácidas, no son capaces de realizar más del 50-60% del consumo de fuentes energéticas alactácidas. Para alcanzar un consumo total, es decir, aumentar las reservas de consumo de fosfatos macroenergéticos, es necesario realizar un trabajo de gran intensidad durante 60-90 segundos. Esto puede definirse como un trabajo de enorme eficacia para el perfeccionamiento del proceso de glucólisis (P.E. Prampero, F.P. Limas, C. Sassi, 1980)

En los ejercicios de entrenamiento que capacitan un aumento en el rendimiento alactácida –sin tener en cuenta la corta duración de su realización– los intervalos de descanso entre los ejercicios deben ser suficientes para la eliminación de gran parte de la deuda alactácida de oxígeno. Es preferible que dicho trabajo sea realizado con series de 3-4 repeticiones en cada una. Entre las series se plantea un descanso prolongado (hasta 5-7 minutos). La exigencia en este tipo de descanso tiene su explicación en el hecho de que las reservas de la combinación macroenergética en los músculos no son importantes y a la tercera o cuarta repetición, de modo substancial, se agotan.

De este modo, la metodología del aumento del rendimiento aláctico-anaeróbico tiene mucho en común con la metodología empleada en el perfeccionamiento de las cualidades de velocidad de los deportistas. Por eso, el trabajo encaminado a incrementar el nivel de rendimiento alactácido contribuye al aumento de las posibilidades de velocidad del atleta y, al contrario, durante el perfeccionamiento de las cualidades de velocidad se incrementan las reservas de las combinaciones macroenergéticas en los músculos del deportista.

En la tabla nº 6 se exponen los parámetros básicos de las cargas de entrenamiento estimulando el incremento del rendimiento aláctico en el organismo de los deportistas.

La duración de los trabajos en los deportistas especializados en las modalidades atléticas de velocidad-fuerza y en sus disciplinas cíclicas puede alcanzar las cifras máximas expuestas en la tabla nº6.

Para los deportistas especializados en otras modalidades atléticas los ejercicios deben ser de menor duración.

La prolongación de los intervalos de descanso entre cada ejercicio y entre series depende de la duración de cada ejercicio, de la especialidad del atleta, del nivel de desarrollo de las posibilidades aláctico-anaeróbicas, de la

TABLA VI: Parámetros básicos de la carga de entrenamiento durante el desarrollo de la potencia y la capacidad del proceso alactácido-anaeróbico		
PARÁMETROS DE LA CARGA	**CARACTERÍSTICAS DEL PROCESO ALACTÁCIDO-ANAERÓBICO**	
	Potencia	Capacidad
Duración de los ejercicios, seg.	5-25	30-90
Potencia del trabajo	anaeróbica máxima	anaeróbica máxima y casi máxima
Duración entre las pausas entre ejercicios, min	1.5-3	2-6
Cantidad de ejercicios en cada serie	3-4	3-4
Cantidad de series en cada sesión	3-5	2-4
Duración de las pausas entre series, min	5-6	8-12

capacidad de recuperación de los fosfatos de elevada energía en el organismo del deportista. Cuanto más cortos realice el deportista los ejercicios y mayor sea su potencial anaeróbico-aláctico, menores deberán ser las pausas entre cada ejercicio y cada serie de entrenamiento.

INCREMENTO DE LAS POSIBILIDADES LÁCTICO-ANAERÓBICAS DE LOS DEPORTISTAS

Cuando el atleta trabaja con intensidad en la metodología del incremento de sus posibilidades láctico-anaeróbicas, debe tener en cuenta que la potencia máxima del proceso láctico-anaeróbico es alcanzada 15-45 segundos después del inicio del trabajo intensivo que plantea unas exigencias máximas a la glucólisis anaeróbica y en el caso de los jóvenes que no practican ningún deporte puede durar hasta los 2 minutos. En los deportistas de alto nivel, especializados en aquellas modalidades atléticas en las que la duración de sus actividades de competición oscila alrededor de los 2-5 minutos, el mecanismo láctico-anaeróbico de suministro energético puede prevalecer entre 3-4 minutos y el contenido máximo de lactato se registra durante la utilización de cargas límites de 1-4 minutos de duración. La mayor duración del trabajo estará en función de la disminución de la concentración de lactato en los músculos.

En los deportistas especializados en aquellas modalidades en las que la duración y la intensidad de las actividades deportivas abarcan las zonas de máxima y casi máxima potencia anaeróbica, la potencia máxima del proceso anaeróbico se alcanza ya al cabo de 15-20 segundos, es decir, tres o cuatro veces más rápido que en los deportistas en cuya actividad competitiva se refleja una menor potencia de trabajo.

En contraposición, en aquellos deportistas especializados en modalidades atléticas que exigen un trabajo en las zonas de potencia anaeróbica submáxima y potencia combinada anaeróbica-aeróbica con una velocidad menor en el desarrollo del proceso anaeróbico-aláctico se registra en grandes proporciones su capacidad. Si se prosigue esta tarea unos 4 minutos, el proceso puede prevalecer y si se prolonga hasta 5-6 minutos puede jugar un papel muy importante (hasta 30-40%) en el suministro energético del trabajo ejecutado.

Así pues, la duración óptima del trabajo para aumentar la potencia del proceso láctico-anaeróbico comprende entre los 30-45 segundos y los 60-90 segundos, y para el incremento de su capacidad, desde los 2-4 segundos hasta los 5-7 minutos.

Al elegir la metodología más óptima para aumentar las posibilidades anaeróbicas es muy importante observar las características de la acumulación de lactato durante un trabajo discontinuo de intensidad máxima. Por ejemplo, los primeros minutos con cargas máximas y 4 minutos de pausa nos conducen a un aumento constante de lactato en la sangre alcanzando su magnitud máxima después de la quinta repetición. Esto demuestra el papel progresivo de glucólisis a medida que la cantidad de repeticiones aumenta.

Si la concentración de lactato en la sangre aumenta ejercicio tras ejercicio, la concentración de lactato en los músculos activos se mantiene a nivel constante desde el primer ejercicio. La duración del ejercicio (dentro de límites determinados por las particularidades del suministro de energía) no influye en la concentración de lactato en los músculos.

Una vez definida la intensidad óptima de trabajo durante la realización de diversos ejercicios hemos de tener en cuenta que las fibras musculares rojas y blancas reaccionan de distinto modo ante la carga. La duración de las cargas de carácter aeróbico se realizan sin un aumento de lactato en la sangre. Simultáneamente tiene lugar una pérdida progresiva de glucógeno y una lenta contracción de las fibras musculares.

La pérdida de glucógeno en las fibras blancas sólo queda reflejada durante un trabajo dilatado estrechamente relacionado con un cansancio evidente. Cuando se aplica un trabajo de gran intensidad (por ejemplo, en los ejercicios de un minuto de duración con intensidad equivalente al 150% $\dot{V}O_2$ máx.) se consumen, en primer lugar, los recursos glucogénicos de las fibras blancas. La cantidad de lactato en sangre alcanza 16 µmol/l y más (F.D. Hollnik, L. Hermansen, 1982).

TABLA VII: Parámetros básicos de las cargas de entrenamiento durante el desarrollo de la capacidad y la potencia en el proceso lactácido-anaeróbico		
PARÁMETROS DE LA CARGA	**CARACTERÍSTICAS DEL PROCESO ALACTÁCIDO-ANAERÓBICO**	
	Potencia	Capacidad
Duración de los ejercicios, seg	30-90 seg	2-4 min
Potencia del trabajo	anaeróbica máxima, casi máxima y submáxima	anaeróbica submáxima combinación anaeróbica-aeróbica
Duración de pausas entre ejercicios	30-90 s	1-3 min
Cantidad de ejercicios en la serie	4-6	4-6
Cantidad de ejercicios en cada sesión	3-5	3-4
Duración de las pausas entre series, min	5-6	8-12

Se han de tener en cuenta todos estos factores al elegir los parámetros óptimos de carga de entrenamiento en el proceso de trabajo sobre el aumento en el rendimiento láctico-anaeróbico. La tendencia hacia el perfeccionamiento de la capacidad y la potencia del proceso láctico-anaeróbico a cuenta de los gastos de glucógeno muscular en las fibras musculares de diversos tipos predetermina una amplia variedad de la duración de los ejercicios, la prolongación de las pausas entre ejercicios, la cantidad de ejercicios en cada serie. Variando estos parámetros de carga se puede garantizar una influencia en el perfeccionamiento de las diversas posibilidades láctico-anaeróbicas del deportista teniendo en cuenta la variante más óptima para cada modalidad deportiva en concreto.

En la tabla nº 7 se exponen los parámetros básicos de las cargas de entrenamiento para los atletas recomendados durante el desarrollo de la potencia y la capacidad en el proceso láctico-anaeróbico.

Durante el desarrollo de la capacidad del proceso aláctico-anaeróbico pueden ser aplicados ejercicios de duración relativamente corta (de 30-60 seg.). Sin embargo, en este caso aumentarán las series en número, de tal modo que la duración total del trabajo sea de 3-4 a 5-6 minutos. Entre los ejercicios se proponen pausas breves, por cada 30 segundos de ejercicio 10-15 segundos de pausa, y por cada 60 segundos entre 20-30 segundos de pausa.

EL AUMENTO DE LAS POSIBILIDADES AERÓBICAS DE LOS ATLETAS

El incremento de las posibilidades aeróbicas del atleta exige la ejecución de un gran volumen de trabajo de entrenamiento de una intensidad que supera ligeramente los límites del cambio anaeróbico. Corresponde a una concentración de lactato en sangre de 3-4 µmol/l.

El nivel de preparación de los deportistas y las características específicas de cada modalidad atlética impone unos síntomas esenciales en cuanto a los índices de intensidad en el trabajo indispensables para el logro del umbral anaeróbico. Por ejemplo, para las personas que no practican activamente ningún deporte, una carga con nivel de $\dot{V}O_2$ máx. durante 30-40 minutos, contribuirá al aumento de la capacidad del proceso aeróbico. Para los deportistas de alto nivel, por ejemplo los corredores de larga distancia, les son de estimulo las cargas de 1-2 horas de duración durante un trabajo intensivo a nivel del 80-85% y para los deportistas de élite en nivel que supera el 90%.

Sin embargo, se debe tener en cuenta que uno de los factores más significativos y determinantes en la eficacia del entrenamiento del atleta es la elección estricta e individual de la intensidad del trabajo en el marco del umbral anaeróbico, ya que en deportistas de equivalente calificación y especializados en la misma modalidad atlética este índice puede encontrarse en diversos niveles.

El registro de los datos de la frecuencia de contracciones del corazón puede ayudar en la elección de la intensidad óptima para el trabajo mediante los índices de consumo de oxígeno aportados, ya que como es sabido entre la frecuencia de contracciones del corazón y el consumo de oxígeno existe una dependencia lineal:

f.c.c. 110-130 p./m. - 40-45%
f.c.c. 130-150 " - 50-55%
f.c.c. 150-170 " - 60-65%
f.c.c. 170-180 " - 75-80%
f.c.c. 180-190 " - 85-90%
f.c.c. 190-210 " - 90-100%

Las cargas del 90% de VO_2 máx., en cierta medida, están relacionadas con la incorporación en el trabajo anaeróbico de fuentes energéticas y engloban las fibras blancas, corroborable a raíz de la eliminación de glucógeno sufrida.

En el proceso de desarrollo de las posibilidades aeróbicas, es imprescindible garantizar el cumplimiento de todos los factores que contribuyen a la potencia y capacidad de los procesos aeróbicos de suministro de energía. Esto puede conseguirse bien, a través del uso de cargas de gran duración y repetidamente utilizadas o bien, mediante un elevado número de ejercicios breves.

Las cargas continuadas estimulan tanto el desarrollo de todo el complejo de transformaciones hemodinámicas y metabólicas que tienen lugar en los músculos, como el desarrollo del aparato respiratorio externo y el sistema de circulación central.

No obstante se ha de tener en cuenta que un trabajo excesivamente prolongado, que no corresponda a las posibilidades individuales del deportista, conduce a una disminución en el rendimiento debido al descenso en el consumo de oxígeno, a una reducción del volumen sistólico de la sangre y del bombeo del corazón paralelamente al aumento en la frecuencia de las contracciones del corazón y al momentáneo volumen de respiración. Este trabajo es capaz de provocar una excesiva fatiga y conducir a una brusca disminución en los procesos de recuperación.

Ante la elección de los ejercicios se han de tomar en consideración las combinaciones adaptativas centrales –el sistema de respiración externa, los músculos del corazón– que dependen sólo del volumen de los músculos que están en movimiento y no tienen relación alguna con su localización. Los ejercicios más eficaces, en este caso en concreto, son los de carácter global y regional, interviniendo en la acción extensos volúmenes musculares. En lo referente a la adaptación periférica –mejora de la capilarización, aumento en el volumen de mitocondrias y en la actividad de los fermentos oxidantes, incremento en el peso específico de la oxidación de lípidos en comparación con los carbohidratos, etc.– lo más importante es la localización de los músculos activos, lo que se expresa en la correspondencia estricta del carácter de los ejercicios a la orientación necesaria de las reacciones de adaptación.

La eficacia en el proceso de aumento de la resistencia aeróbica local de los atletas, puede aumentar con un incremento en la magnitud de las resistencias que deberá ser superada necesariamente por los músculos del deportista durante la realización de los ejercicios correspondientes (en atletismo, por ejemplo, se aplica la carrera con una cantidad importante de ascensos prolongados). Tales ejercicios conducen a una considerable redistribución de la sangre en el sistema muscular con un brusco aumento de la circulación sanguínea y procesos de cambio en los músculos activos del atleta estimulando un aumento de las posibilidades del sistema periférico de utilización de oxígeno.

En el transcurso del entrenamiento de los deportistas cualificados, especializados en aquellas modalidades deportivas que exigen un elevado nivel de rendimiento aeróbico, el aumento en las posibilidades del proceso aeróbico de suministro energético se observa cuando el trabajo voluminoso orientado al aumento de las posibilidades de los músculos cardíacos y el sistema de respiración externa se planifican 3 o 4 veces a la semana.

La estructuración de la adaptación periférica resulta de mayor eficacia cuando los ejercicios se planifican diariamente.

Está claro que las diferencias en los efectos de cargas de entrenamiento de distinta duración y aplicadas con desigual intensidad, en cierto modo, dependen del entrenamiento y cualificación de los deportistas así como de las características específicas de cada modalidad deportiva. Así, los deportistas mal entrenados o de baja cualificación se adaptan incluso a una planificación de cargas de más o menos brevedad en dos o tres sesiones a la semana. A los deportistas especializados en modalidades atléticas de coordinación dificultosa, y sobre todo en sus modalidades de velocidad-fuerza, les es suficiente un volumen de trabajo no muy extenso de 3-4 sesiones por semana para conseguir un aumento eficaz de sus posibilidades aeróbicas.

El consumo máximo de oxígeno puede aumentar de un 15 a un 30% en los primeros 2-3 meses de entrenamiento. Y un entrenamiento que dure entre 9 y 24 meses puede ampliar este consumo hasta incrementarlo un 40-50%. El aumento individual máximo de $\dot{V}O_2$ máx. como resultado de muchos años de entrenamiento no consigue superar esta magnitud.

Normalmente, tras 8-10 semanas se establece ya una formación, en todos los aspectos completa, y las reconstrucciones adaptacionales de los diversos sistemas aeróbicos de suministro energético como consecuencia de un entrenamiento sistemático. (M.M. Bulatova, 1984; V.S. Mischenko, 1990).

Estos datos son de gran significación práctica si los conectamos con la planificación óptima de una estructura de entrenamiento de los atletas en el transcurso de un año o bien durante varios años.

En aquellas personas poseedoras de un tejido muscular propio, como es el caso de los corredores de corta distancia pero que se entrenan y compiten como corredores de distancias largas, en las fibras musculares se detecta un adilatación de los espacios interfibrilares a consecuencia de la hinchazón y de la destrucción de algunas miofibrillas, de su fisión longitudinal, del agotamiento de las reservas de glucógeno, de la destrucción de los mitocondrias. Como resultado de un entrenamiento de estas características puede producirse una neurosis de las fibras musculares (Y.P. Segueyev, V.V. Yasvikov, 1984).

Los deportistas especializados en aquellas modalidades atléticas que plantean enormes exigencias del potencial de velocidad-fuerza, deben planificar cuidadosamente el trabajo encaminado al aumento de las posibilidades aeróbicas y no abusar de los ejercicios aeróbicos.

En el proceso de trabajo dirigido a un incremento de las posibilidades aeróbicas de los atletas, se presenta un perfeccionamiento necesario de la potencia de los procesos aeróbicos caracterizable por un consumo máximo de oxígeno; un perfeccionamiento en la velocidad de inicio del proceso de trabajo de suministro energético aeróbico que se caracteriza por el tiempo necesario para alcanzar la capacidad máxima de consumo de oxígeno; también se presenta una mejora en la capacidad del proceso aeróbico que se manifiesta con la capacidad de mantenimiento duradero de índices elevados de rendimiento aeróbico que están determinados por la duración en el mantenimiento de los máximos logros en el trabajo de consumo de oxígeno.

Para el aumento de las posibilidades aeróbicas de los deportistas se utilizan el método interválico y el método continuo; el trabajo puede llevarse a cabo tanto con un régimen regular como con uno variable.

La particularidad básica del entrenamiento interválico consiste en el aumento del volumen de aceleración del corazón durante las pausas efectuadas tras un trabajo relativamente intenso. De tal forma, al principio del descanso el músculo cardíaco experimenta un dinamismo específico que excede al que se observa durante la actividad muscular. Esto permite a los especialistas fundamentar un entrenamiento denominado discontinuo con influencia de las pausas y durante el cual se mantiene al máximo el volumen de aceleración del corazón a lo largo de la mayor parte del trabajo y en el transcurso de todo el período de descanso.

Una vez aplicado el método de intervalos para el aumento del nivel de rendimiento aeróbico, hemos de regirnos por unos principios fisiológicos básicos: 1º. La duración de cada ejercicio no deberá superar los 1-2 minutos; 2º. Dependiendo de la duración de los ejercicios, las pausas de descanso oscilarán entre los 45 y los 90 segundos; 3º. Al determinar la intensidad en la realización de los ejercicios hemos de considerar que la frecuencia de las contracciones del corazón debe de estar en los límites de los 170-180 pulsaciones por minuto al finalizar el trabajo y de 120-130 pulsaciones por minuto al termino de la pausa. El aumento en la frecuencia de las contracciones en más de 180 pulsaciones por minuto en el transcurso del trabajo y su disminución en menos de 120 pulsaciones por minuto al finalizar la pausa no influye en modo alguno ya que tanto en un caso como en el otro se observa una disminución del volumen de aceleración del corazón.

El entrenamiento de intervalos tiene por objetivo básico el incremento de las posibilidades funcionales del corazón del atleta que en cierta medida limitan el nivel de rendimiento aeróbico. Sin embargo, la influencia de este método no limita el aumento de volumen del músculo cardíaco. Su aplicación desarrolla las aptitudes del deportista para la utilización intensiva del oxígeno por los tejidos, encontrándose favorablemente en el nivel de rendimiento anaeróbico.

La gran eficacia del método discontinuo no debe desviar nuestra atención de las insuficiencias que comporta. En primer lugar, el resultado que presupone un considerable aumento del rendimiento del corazón, no es estable. En segundo lugar, el aumento excesivo del entrenamiento interválico es bastante inseguro y peligroso para el organismo del deportista sobre todo para su corazón y para el sistema nervioso central. Además, este método cede significativamente ante el método distancial en relación con la formación de recombinación del tejido muscular.

La aplicación de método continuo favorece la perfección y cumplimiento prácticamente de todas las propiedades básicas del organismo del atleta que suministran un progreso en el transporte y utilización del oxígeno. Un trabajo intenso, normalmente, se lleva a cabo con una frecuencia de las contracciones del corazón de 145 a 175 pulsaciones por minuto provocando un eficaz aumento de las posibilidades funcionales del corazón. Este método es particularmente eficaz para el aumento de la capilarización de los músculos y el perfeccionamiento de aquellas aptitudes enlazadas con el consumo directo de oxígeno por los músculos. En general, este método conduce a una mayor estabilidad en el aumento de las posibilidades aeróbicas del deportista en comparación con el método discontinuo o de intervalos y contribuye a la construcción de unos buenos fundamentos para la aplicación de otros métodos de entrenamiento.

Durante la aplicación del método continuo hemos de considerar que el trabajo intensivo deberá garantizar una gran capacidad en el volumen de aceleración del corazón del deportista y deberá incrementar el nivel de consumo de oxígeno. El trabajo incluirá estas condiciones realizándose de 10 a 60-90 minutos. En casos concretos la duración podrá ser mayor, incluso hasta 2-3 horas de trabajo.

La diversificación en los procesos de entrenamiento junto con la ampliación de las acciones del método continuo pueden ser observadas cuando el trabajo es ejecutado no tan sólo mediante un régimen uniforme, sino también por medio de un régimen variable. En el transcurso de esta parte intensiva de trabajo se deberá garantizar un incremento en la frecuencia de las pulsaciones del corazón hasta 175-185 pulsaciones por minuto y durante la parte de intensidad menor la frecuencia de las contracciones del corazón disminuirá hasta las 140-145 pulsaciones por minuto.

Independientemente del método aplicado para un total aumento de las posibilidades aeróbicas, la intensidad del trabajo debe planificarse en función de la reacción del organismo del deportista ante los ejercicios propuestos y su conjunto. En la práctica, la reacción del organismo se valora según los índices de lactato en la sangre o por la frecuencia de las contracciones del corazón. Por ejemplo, si nos orientamos por medio de las pulsaciones, podemos subdividir el entrenamiento en tres fases:

1. La fase de mantenimiento del nivel de posibilidades aeróbicas. La frecuencia de las contracciones del corazón es de 120-140 pulsaciones por minuto.
2. La fase de aumento de las posibilidades aeróbicas. La frecuencia de las contracciones del corazón es de 140-165 pulsaciones por minuto.
3. La fase de aumento máximo de las posibilidades aeróbicas. La frecuencia de las contracciones del corazón es de 165-185 pulsaciones por minuto.

En ningún modo podemos estar de acuerdo con la extendida opinión que afirma que el aumento en el rendimiento aeróbico ha de ser entendido en consonancia con el método continuo y el debido entrenamiento intensivo de cargas. Dicho entrenamiento, elevado a sus niveles máximos, puede deportarnos resultados negativos visibles por medio de un defallecimiento de las posibilidades aeróbicas y de velocidad del deportista, así como en un empeoramiento en el estado funcional de sus músculos.

Un aumento eficaz de las posibilidades aeróbicas sin una acción negativa en cualquiera de las partes del entrenamiento del deportista ni en su salud es posible si nos basamos sólo en una combinación de aplicaciones procedentes de los métodos continuo y discontinuo con una gran variedad de procedimientos y métodos de trabajo. Es por ello que nos parece infundada la idea de ciertos especialistas que contraponen los dos métodos y recomiendan estructurar el entrenamiento de cara a un incremento en el rendimiento aeróbico utilizando tan sólo uno de estos métodos, bien sea el continuo o el interválico. Para encontrar una solución óptima al dilema es necesario tener conocimiento no tan sólo de cómo influyen los diversos métodos en el aumento de las posibilidades aeróbicas del organismo en su totalidad, sino saber las particularidades de sus acciones sobre relativamente reducidos rasgos y capacidades que aseguran la resistencia de trabajo de larga duración.

La utilización por parte de los atletas cualificados de trabajo interválico, regular, variable o continuo en su entrenamiento posee unas características particulares. Estos métodos influyen de distinto modo en el tiempo de desarrollo de las posibilidades funcionales de los sistemas circulatorio y de respiración, en las aptitudes para la retención duradera de grandes cantidades de consumo de oxígeno, en las posibilidades de velocidad y específicas de fuerza, en la resistencia durante el trabajo de carácter anaeróbico y otras cualidades de las cuales depende el resultado deportivo.

Por ejemplo, el trabajo de intervalos y continuo-variable únicamente son efectivos en el aumento de las aptitudes para alcanzar lo más rápido posible el desarrollo de las cualidades del sistema circulatorio y la respiración. Esto explica el hecho de que durante este entrenamiento tiene lugar una rápida sustitución del sistema intensivo de trabajo al pasivo o bien, al trabajo con una menor intensidad. Es por ello que con la utilización de estos métodos a lo largo de cada ejercicio se activa repetidamente –hasta magnitudes casi límites– el sistema circulatorio y la respiración que cuenta con el desarrollo de las aptitudes funcionales pertinentes del sistema para la reducción del período de introducción al trabajo. Con la utilización de un trabajo continuo-regular esto no sucede ya que el deportista a lo largo de la sesión pasa la fase de introducción al trabajo no más de 3 o 4 veces.

La aplicación del método continuo bajo las condiciones del trabajo uniforme exige el funcionamiento de los sistemas esenciales del organismo del deportista en el transcurso de un período de tiempo bastante dilatado y con un elevado nivel de movilización de sus posibilidades. Con esto, se garantiza un desarrollo eficaz de cualidades tan relevantes como la capacidad de mantenimiento duradero de grandes magnitudes de consumo de oxígeno y la intensificación de la capacidad de suministro energético del sistema aeróbico.

La principal aplicación de los métodos antes mencionados no influye por igual en el desarrollo de las posibilidades de velocidad y anaeróbicas. Si bien el entrenamiento interválico contribuye a un cierto aumento en el nivel de estas cualidades, la aplicación duradera del trabajo de distancia regular sin un entrenamiento complementario especial incluso no nos permite mantener estas cualidades en el nivel anteriormente alcanzado.

Lo antes indicado señala la necesidad de unas aplicaciones conjuntas en el proceso de entrenamiento de los métodos de intervalos y continuo con el fin de desarrollar la resistencia durante el trabajo de carácter aeróbico. No obstante, para el resultado final hemos de tener en cuenta la manera cómo los métodos mencionados se combinan en el macrociclo. La reorganización más eficaz es aquella en la que, con un ligero cambio en la correlación de los ejercicios, éstos se aplican enmarcados en los distintos métodos. Al principio –en la primera etapa del período preparatorio– el mayor volumen de trabajo se realiza con el método regular-continuo, acto seguido aumenta el papel del trabajo variable-continuo, y más adelante –al final del período preparatorio y a inicios del competitivo– se incrementa la importancia del método de intervalos. Esta correlación permite un desarrollo multilateral de las posibilidades aeróbicas del deportista.

INCREMENTO DEL RENDIMIENTO ECONÓMICO

Durante el desarrollo de la resistencia no debemos limitarnos tan sólo al aumento de las posibilidades funcionales de los sistemas y de mecanismos que establecen la capacidad y la potencia de las vías básicas del suministro energético del trabajo de los atletas. Enseñar al deportista a utilizar de forma más económica y eficaz el potencial que posee es de vital importancia.

La capacidad de economía de la actividad motora está estrechamente conectada con otros aspectos del grado de preparación del atleta tales como los técnico-tácticos, físicos o psicológicos. Por lo tanto, la capacidad de una realización económica del trabajo debe ir a la zaga de un desarrollo de las diversas cualidades motoras del deportista, perfeccionando su técnica, su táctica y sus posibilidades psíquicas.

Por ejemplo, los logros de índices elevados de capacidad y potencia en los procesos aeróbicos nos conduce a un aumento de su papel en el suministro energético en los trabajos estándar o extremal aumentando su rendimiento económico. Una mejora en la técnica respiratoria en el proceso de la actividad competitiva intensa y a su vez un aumento en el volumen de la respiración por minuto también nos llevan al aumento de la economía del trabajo. El desarrollo de la flexibilidad y en consecuencia el aumento de las amplitudes de movimiento durante la aplicación de ejercicios de preparación especial y los competitivos, hace que el movimiento del deportista sea más libre y eficaz y contribuye a la disminución de los gastos de energía al mejorar la técnica.

El perfeccionamiento de los parámetros cinéticos y de percepción visual de las acciones motoras y del ambiente exterior llevados a cabo en el proceso del entrenamiento ideomotor, conduce a un aumento considerable en las capacidades para regular eficazmente la coordinación muscular –la sincronización de la tensión de los músculos en activo y la eficacia de relajación de los músculos antagonistas–. Esto, naturalmente, no sólo aumenta la eficacia de los movimientos sino que crea una técnica más económica.

De este modo, en la resolución de los objetivos más diversos de la preparación deportiva de los atletas se debe tener en cuenta la utilización de métodos específicos y procedimientos metodológicos que contribuyan al aumento del rendimiento económico. Tenemos, pues, que prestar atención al mero hecho que el rendimiento económico del trabajo se encuentra en una directa dependencia del peso de los mecanismos aeróbicos de intercambio en su suministro de energía. En este caso el papel decisivo lo juegan las aptitudes del deportista para utilizar, con eficacia y bajo condiciones específicas de trabajo, el nivel de rendimiento aeróbico poseído.

La dificultad en la respiración y en la circulación periférica –a causa de las particularidades técnicas y la intensidad de trabajo de los músculos– no permiten al deportista utilizar plenamente sus posibilidades aeróbicas durante las competiciones. Por ello, el rendimiento económico del trabajo está en gran manera determinado por la técnica de respiración racional que debe ser constantemente perfeccionada con diversos condicionamientos en la actividad de preparación y la de competición.

El peso de los mecanismos aeróbicos en el suministro de trabajo y, por consiguiente, su rendimiento económico están condicionados por la rapidez de despliegue de las posibilidades funcionales del sistema de transporte del oxígeno en el organismo del deportista a un nivel máximo posible y por la duración de su mantenimiento, ya que esto es de vital importancia para alcanzar índices elevados de resistencia durante una actividad de competición relativamente prolongada. Para perfeccionar la primera de estas aptitudes contribuye el trabajo interválico, y para la segunda el continuo.

El trabajo continuo regular permite la formación de un régimen de trabajo económico, ya que el deportista con ejercicios de larga duración disminuye de ciclo en ciclo el número de impedimentos, tanto externos como internos. Por ejemplo, el entrenamiento continuo diario, tras 2-3 meses con un 80-90 % de movilización cardio-vascular y del sistema respiratorio (según la frecuencia de las pulsaciones del corazón es del 80-90% de índices máximos), de 20-30 minutos de duración, nos conduce a una economización de las funciones que se manifiesta en combinación del umbral anaeróbico en la zona de velocidades mayores. Incluso en aquellas personas entrenadas poseedoras de los volumenes altos del umbral anaeróbico se detecta un resultado significativo.

Durante el desarrollo del rendimiento económico conforme a aquellas modalidades deportivas que comportan unas exigencias en el rendimiento aeróbico, como por ejemplo, la carrera de larga distancia, se ha de prestar atención a la reestructuración de las fibras musculares. Dado que el cambio en estas fibras supone una gran parte de la economización, los ejercicios correspondientes deberán ocupar un lugar en el proceso de entrenamiento de los atletas. Esto es sobre todo el trabajo continuo de larga duración en condiciones de compensación de fatiga y de un cansancio evidente, cuando se incorporan al trabajo las fibras musculares mencionadas.

Uno de los caminos más eficaces para incrementar el rendimiento económico en la labor de los deportistas es el trabajo orientado hacia el perfeccionamiento de la capacidad de tensión y relajación de los músculos que tiene como resultado la adquisición de una gran capacidad de control del grado de tensión de los músculos activos y de la máxima relajación de los músculos que no intervienen en el trabajo.

Hemos de prestar la mayor atención al trabajo de los grupos musculares esenciales. Esta orientación permite optimizar la coordinación del trabajo de los músculos durante los movimientos de preparación.

Es muy importante que el deportista aprenda a relajar los músculos faciales. Si consigue trabajar con intensidad y al mismo tiempo los músculos faciales están relajados, los otros músculos que no intervienen en el trabajo experimentarán una menor tensión. Como resultado, el deportista economiza el gasto energético, no se cansa tan rápido y recupera las fuerzas con más eficacia.

Se ha de tener en cuenta que los índices elevados de rendimiento económico así como la utilización de las reservas funcionales del organismo del atleta, podrán ser llevados a cabo con éxito en el proceso de competición, tan sólo cuando las cualidades mencionadas se manifiesten como resultado de la aplicación de métodos específicos de entrenamiento. Si las mismas cualidades son obtenidas mediante la ayuda de ejercicios no específicos, entonces en las etapas últimas de preparación, utilizando un complejo de procedimientos de preparación especiales, es necesario reorganizar estas cualidades en un cambio específico en conformidad con las particularidades. Esto presupone la necesidad de coordinar el proceso de perfeccionamiento de la economización con aplicación de los ejercicios de preparación especial y competitivos.

De esta forma, en la metodología del aumento del rendimiento económico podemos disponer de dos vías relativamente independientes. Por un lado, el aumento en la economización funcional y, por el otro, el aumento en la economización biomecánica.

La primera variante está relacionada con el incremento en la capacidad y el potencial (la reserva funcional) del sistema de suministro energético conduciendo a una economización de sus actividades.

La segunda opción contempla la optimización de las diversas cualidades motoras, el perfeccionamiento de la técnica deportiva, el ajuste eficaz de la correlación de las funciones motoras y vegetativas, el perfeccionamiento de la regulación neuro-psíquica de la actividad muscular.

EL DESARROLLO DE LA RESISTENCIA ESPECÍFICA DE LOS ATLETAS

Para alcanzar elevados niveles de resistencia especial, el atleta debe obtener una manifestación conjunta de algunas de sus aptitudes y acciones en las condiciones características para la actividad competitiva en concreto.

En las etapas iniciales de la preparación, el deportista todavía no está en condiciones de superar toda la distancia de la competición con la velocidad planeada. Sin embargo, realizar una gran parte del trabajo con dicha intensidad es del todo indispensable dado que favorece el proceso de formación de las técnicas competitivas, aumenta el rendimiento económico y crea la coordinación óptima de las funciones motoras y vegetativas. Para crear estas cualidades en concreto se utilizan un amplio número de variantes del método de intervalos y continuo.

En el trabajo para desarrollar la resistencia especial se utilizan básicamente aquellos ejercicios de preparación especial que poseen una mayor similitud con los competitivos, en cuanto a forma, estructura y particularidades de influencia sobre los sistemas funcionales de organismo. Asimismo, se aplicarán unas combinaciones de ejercicios de distinta duración durante la realización del programa de una clase.

Cuando cada ejercicio de entrenamiento es de larga duración, entonces tras cada repetición las pausas pueden ser también largas, ya que en estos casos la acción principal del entrenamiento causa los cambios que han tenido lugar cuando el deportista ha ejecutado cada ejercicio individual, y no los resultados que son consecuencia de la acumulación de todas las acciones del conjunto de ejercicios.

Antes de elegir los ejercicios encaminados al desarrollo de la resistencia específica del atleta, es necesario que éstos estén coordinados con las particularidades características de las actividades competitivas en cada modalidad atlética en concreto.

La combinación de ejercicios de diversa duración durante la ejecución del programa de una sesión constituye la parte esencial en el desarrollo de la resistencia especial de los deportistas. Por ejemplo, en las modalidades cíclicas del atletismo de mayor difusión reciben como variantes aquellas en las que la longitud del tramo en las series es constante o disminuye paulatinamente (tabla 8). La aplicación de series semejantes permite modelar con bastante precisión las condiciones que se presentan durante la competición. Sin embargo, hemos de considerar las siguientes reglas: las pausas entre los tramos deben ser de corta duración (la frecuencia de las contracciones del corazón no deberá descender en más 10-15 pulsaciones por minuto); cada tramo deberá ser más corto que el anterior o bien de la misma longitud; el tiempo empleado en la serie deberá ser el más próximo posible al que se planea para la competición.

El desarrollo de la resistencia especial de los corredores prevé una constante superación de los tramos con una velocidad similar a la de la competición y pausas de descanso de corta duración, así como unas carreras de distancias competitivas bajo condiciones de control o de competición oficial. A menudo, los ejercicios se realizan bajo condiciones de gran dificultad (por ejemplo, trabajo en montañas de altura media, con cargas especiales, etc.).

La intensidad del entrenamiento deberá ser correspondiente a la que se quiere obtener en la competición. Es muy frecuente realizar ejercicios con una intensidad superior a la que se planea para la competición.

Si la duración de cada ejercicio no es de gran extensión (bastante menos que la duración de la actividad competitiva), entonces, la duración de los intervalos de descanso será menor. Por regla general, la duración debe garantizar la ejecución del ejercicio siguiente durante la consecuente fatiga del ejercicio anterior. No obstante, hemos de tener en cuenta que el intervalo de tiempo durante el cual podemos realizar el ejercicio consecutivo en condiciones de cansancio es muy grande (por ejemplo, tras un trabajo con una intensidad máxima de 20-30 segundos de duración, la capacidad para el trabajo disminuye aproximadamente en el transcurso de 1,5-3 minutos). Por ello, cuando tengamos una duración concreta de las pausas hemos de tener en cuenta el nivel del deportista y el grado de su entrenamiento mirando que por un lado, la carga presenta al organismo del deportistas las exigencia capaces de ocasionar la influencia de entrenamiento y, por el otro, que dicha carga no sea excesiva y no comporte un resultado negativo.

El número de ejercicios depende de su carácter, del volumen de la carga en las sesiones, del nivel de entrenamiento y cualificación de los deportistas, de la metodología de formación del programa de las sesiones, etc.

De esta forma, planificando el volumen del trabajo encaminado a aumentar el nivel de desarrollo de la resistencia especial de los atletas, hemos de partir de una situación concreta. En caso de que las demás condiciones sean iguales, la cantidad de ejercicios puede aumentarse a cuenta de su aplicación en serie o bien, de la diversidad de programas de entrenamiento de cada sesión.

TABLA VIII: Ejemplos de series de entrenamiento durante el desarrollo de la resistencia especifica de los corredores de alto nivel

SERIES DE ENTRENAMIENTO	DISTANCIA DE LOS TRAMOS (m) DESCANSO (seg.)								
	1er tramo	Descanso	2º tramo	Descanso	3er tramo	Descanso	4º tramo	Descanso	5º tramo
Carrera 400 m	100	15	100	–	100	–	100	–	–
800 m	300	20	200	15	100	10	100	10	100
1.500 m	500	30	400	20	300	10	200	10	100
5.000 m	1.500	30	1.500	30	800	20	800	20	400
10.000 m	3.000	45	3.000	45	1.500	30	1.500	30	1.000

En el proceso de desarrollo íntegro de la resistencia especial de los atletas, es necesario considerar que la eficacia en los resultados competitivos está en conexión con una gran variación de las funciones motoras y vegetativas que garantizan una gran capacidad para el trabajo durante grandes cambios del medio interno del organismo y en diversas condiciones del medio externo.

En relación con lo anteriormente dicho, durante el desarrollo de la resistencia especial es necesario garantizar lo siguiente:

– Diversidad de medios y procedimientos de perfeccionamiento de acciones técnico-tácticas y de desarrollo de la resistencia especial.
– Estrecha unión de los procesos técnico-tácticos de perfeccionamiento y de desarrollo de la resistencia especial.
– Modelación, bajo las condiciones del entrenamiento, de todos los posibles comportamientos y reacciones de los sistemas funcionales del organismo característicos durante el período competitivo.
– Variación de las condiciones del ambiente exterior, tanto durante el desarrollo de la resistencia especial como en el proceso de perfeccionamiento técnico-táctico.

Los diversos métodos y procedimientos aplicados al proceso de entrenamiento deportivo proporcionan al atleta un sinnúmero de hábitos y habilidades. Esto contribuye a la realización exitosa de aquellas acciones motoras que resultan adecuadas a la situación creada y a las posibilidades funcionales del organismo en las diversas fases de una competición.

La utilización de una gran variedad de métodos y procedimientos ayuda, también, a la adaptación operativa las diferentes posibilidades de diversos sistemas funcionales y de los mecanismos que garantizan una ejecución eficaz de las acciones técnico-tácticas.

La máxima variedad de procedimientos y métodos para el desarrollo de la resistencia especial de los atletas tales como la intensidad y duración de los ejercicios, su difícil coordinación, el régimen de trabajo y descanso durante su realización, etc., contribuyen al desarrollo del enlace óptimo entre la resistencia y las cualidades de velocidad-fuerza, con las aptitudes de coordinación, con la flexibilidad. Esto, en gran medida, incrementa la capacidad de trabajo especial del deportista y el resultado en su actividad competitiva.

El perfeccionamiento de la técnica y táctica deportivas del atleta en diversos estados funcionales, e incluso en estado de fatiga, genera no sólo una estabilidad en los hábitos contra los cambios sustanciales internos del organismo, sino que a su vez garantiza una estrecha relación entre las funciones motoras y vegetativas con una capacidad de adaptación recíproca al alcanzar el resultado final previsto. En consecuencia, en el deportista se desarrolla una aptitud que le permite de forma favorable conexionar las características cinemáticas, dinámicas y rítmicas de su técnica deportiva con las posibilidades funcionales del organismo en un instante concreto de la competición.

Entre los cauces básicos para el perfeccionamiento de la estabilidad y la variabilidad de los hábitos motores y de las funciones vegetativas, así como para el proceso de formación del enlace óptimo entre la resistencia especial y otras cualidades motoras del atleta, podemos destacar una amplia combinación de condiciones del ambiente exterior tanto en el proceso de entrenamiento como en el proceso competitivo, recalcando como más efectivas aquellas condiciones que dificultan la actividad durante el entrenamiento y la competición. Podemos mencionar el entrenamiento en montañas de altura media, la competición con adversarios más fuertes, bajo condiciones climáticas no habituales o en aquellas horas del día en las que no es normal el entrenamiento, la subjetividad de los jueces, etc.

También se obtienen buenos resultados con la utilización de aparatos de entrenamiento que permiten perfeccionar la técnica de deportista y garantizan el logro de una unión entre la técnica y el desarrollo de la resistencia especial.

Una parte especial de entrenamiento debe consistir en cambios del carácter de trabajo durante el proceso de la competición. Una transición rápida y eficaz de un tipo de trabajo a otro, asegurando un nivel óptimo de la actividad funcional, en gran medida, determina el nivel de resistencia especial de los deportistas y en concreto de los atletas.

El aumento en la estabilidad psíquica ante la sensación agobiante de cansancio durante el período de entrenamiento o en la competición ocupa un lugar especial en la metodología del desarrollo de la resistencia especial. La estabilidad psicológica ejerce una gran influencia cuando se intentan alcanzar índices elevados en las modalidades cíclicas del atletismo relacionadas con la manifestación de la resistencia.

Es necesario tener en cuenta que la estabilidad ante la superación de un estadio de fatiga provocado durante el entrenamiento o la competición se forma con arreglo a un trabajo concreto y que el traspaso de dicha estabilidad es relativamente insignificante no sólo desde una modalidad a otro sino también, durante la realización, por parte del deportista, de trabajos de intensidades diferentes y de distinta duración y carácter. A causa de esto, para alcanzar logros en el trabajo dirigido al desarrollo de la resistencia especial, es necesario saber qué exigencias psíquicas pueden presentársele al deportista en una modalidad atlética concreta, de qué modo pueden verse aumentadas las aptitudes del deportista para soportar y vencer las cargas psíquicas, qué métodos de entrenamientos perfeccionan las cualidades volutivas específicas, etc.

El factor psicológico tiene especial importancia en la preparación relacionada con la máxima movilización de las posibilidades anaeróbicas, con la necesidad de efectuar durante un largo espacio de tiempo el trabajo en condiciones de importante deuda de oxígeno, acompañadas de una agobiante sensación de fatiga. Para superarlo son necesarias unas cualidades volitivas específicas y la capacidad del deportista para superar la creciente dificultad con un prolongado y tenso esfuerzo volutivo.

Las cualidades volitivas manifestadas en las competiciones normalmente se perfeccionan paralelamente con la mejora de otras cualidades que determinan el nivel de desarrollo de la resistencia especial del atleta gracias a la utilización de los mismos métodos y procedimientos de entrenamiento.

Sin embargo, el perfeccionamiento en la estabilidad psicológica del deportista de ningún modo puede dejarse sin control. Cuando el deportista está ejecutando unos ejercicios en los que deberá superar dificultades específicas, el entrenador tendrá que acentuar la atención del deportista en la importancia de la relación consciente y racional con su trabajo, deberá exigirle una fuerte y estable concentración de voluntad durante un trabajo de larga duración y una concentración máxima de voluntad cuando éste realice ejercicios breves en el entrenamiento o competición.

Los ejercicios que se asemejen, en cuanto a su influencia a los sistemas funcionales y estado psicológico de deportista, a los efectuados durante la competición tienen una gran importancia en el perfeccionamiento de la estabilidad psicológica de los atletas.

El estímulo más enérgico para el perfeccionamiento de las cualidades volitivas es, sin duda alguna, tomar parte en competiciones decisivas junto a adversarios que tienen el nivel de preparación similar. Estas competiciones encierran en sí dos características primordiales. Por un lado, el estímulo psicológico propio de las competiciones importante conduce a un agotamiento significativo de los recursos funcionales del deportista en comparación con los ejercicios de entrenamiento. Por otro lado, un elevado nivel y grandes cambios de actividad de los sistemas funcionales primordiales del organismo, según el principio de relación recíproca, estimulan el perfeccionamiento de las posibilidades psíquicas específicas.

La eficacia en el proceso del incremento de la estabilidad psíquica depende de la organización estructural que se emplee en las sesiones de entrenamiento. Es del todo necesario destacar dos factores que se relacionan entre sí. El primero, propone una organización en el proceso de entrenamiento de los atletas cuando en un grupo se juntan deportistas iguales por su nivel de preparación que compiten para pasar la selección, lo que crea un microclima de constante rivalidad durante la realización de los más diversos ejercicios. El segundo factor está condicionado por la habilidad del entrenador de movilizar al límite a los deportistas con el único fin de que éstos muestren sus índices máximos de capacidad de trabajo durante la realización de todos los ejercicios sin excepción alguna. La mayoría de los éxitos obtenidos por los discípulos de entrenadores notables están estrechamente relacionados con la atmósfera de constante rivalización que favorece la entrega total de los deportistas durante los ejercicios de entrenamiento.

EJERCICIOS PARA EL DESARROLLO DE LA RESISTENCIA ESPECÍFICA EN LAS DIVERSAS MODALIDADES ATLÉTICAS

Al elegir los ejercicios dirigidos al desarrollo de la resistencia específica en los atletas es necesario asegurar, en el sistema pedagógico, todos aquellos cambios de diversa índole tanto técnicos como activos de los sistemas funcionales del organismo que intervienen en las actividades competitivas del deportista. Se tendrá que prestar especial atención en la distribución equitativa de los procedimientos que tienen como fin el perfeccionamiento de las aptitudes del deportista en todas las manifestaciones de su técnica y actividad de los sistemas funcionales, dado que sólo entonces podrá llevarse a cabo un desarrollo de la resistencia especial en todos los sentidos a cuenta de exigencias concretas dictadas por las particularidades de la especialización deportiva.

Más abajo se presentan unos de los ejercicios más eficaces para el desarrollo total de la resistencia especial de los deportistas especializados en diversas modalidades atléticas.

La intensidad del trabajo durante la realización de los ejercicios estará en función de una u otra zona según refleje ésta las particularidades de suministro energético de una actividad motora concreta del deportista. Habitualmente se utilizan ocho zonas: 1) potencia anaeróbica máxima; 2) potencia anaeróbica cercana a la máxima; 3) potencia anaeróbica submáxima; 4) potencia aeróbica máxima; 5) potencia aeróbica cercana a la máxima; 6) potencia aeróbica submáxima; 7) potencia aeróbica media; 8) potencia aeróbica inferior.

CARRERAS
Distancia 100 y 200 metros

- Cross (3-4 km) - carrera de campo a través con ascensos breves (20-40 m) y abruptos. Intensidad del trabajo: durante el ascenso las zonas 1-2, en el resto 4-6 zonas.
- 6-10 x 60 m (1º zona) con pausas de 3-4 minutos.
- 6-9 x 100 m (2-3 tramos - 3ª zona, 2-3 tramos - 2ª zona, 2-3 tramos - 1ª zona) con un incremento de la intensidad.
- 3 x 800 m con cambios de ritmo (100 m - 1-2ª zonas, 100 m 7-8ª zonas, etc.

- 3 x (3 x 300 m), 2^a zona de intensidad, pausas entre tramos de 2-3 minutos, entre series 5-6 minutos.
- 2 x (4 x 150 m), 1-2^a zona de intensidad, pausas entre tramos 2-3 minutos, entre series 3-4 minutos.

• Distancia 400, 800 y 1.500 metros

- Cross (5-8 km) - carrera de campo a través con ascensos abruptos (hasta 75-100m). Intensidad del trabajo: durante los ascensos - 2-3ª zonas, el resto 4-6ª zonas.
- 6-10 x 100-150 m (2ª zona) con pausas de 4-5 min.
- 1500 m con cambios de ritmo (100 m - 1-2ª zonas, 50 m 7-8ª zonas, etc.).
- 3000 m con cambios de ritmo (700 m - 3-4ª zonas, 300 m - 6-8ª zonas, etc.).
- 4-6 x 200-300 m carrera por montaña (desnivel 6-8°), intensidad - 2-3ª zonas, descanso entre tramos 2-3 minutos.
- 2 x (3 x 800 m), 4ª zona de intensidad, pausas entre tramos 2-3 minutos, entre series 5-6 minutos.
- 1.000 m - 800 m - 600 m - 400 m - 200 m aumento de la intensidad 4^a, 3^a, 2ª zonas, los intervalos de descanso disminuyen, 5 min., 2 min., 1 min., 30 segundos.

• Distancia 5000 y 10.000 metros

- Carrera continua de 5-10 km (5^a zona).
- Carrera continua de 10-15 km (6^a zona).
- Carrera continua en terreno o carretera en distancia 15-25 km (6-7^a zonas).
- Carrera continua regular en terreno en distancia 6-12 km (5-6ª zonas).
- Carrera variable 10-20 km (800-1.200 m - 4-5ª zonas de intensidad; 800-1200 m 7-8^a - zonas de intensidad).
- 5-6 x 1.200-3.000 m (4-5ª zonas) descanso hasta el restablecimiento de 110-120 pulsaciones por minuto.

- 3-4 x (3-4x 400-800 m) carrera por montaña o arena (3-4ª zonas) pausas entre tramos hasta el restablecimiento de 110-120 pulsaciones por minuto, pausa entre series 10 minutos.

• Maratón (42 km 195 m)

- Carrera continua hasta 20 km (6ª zona).
- Carrera en terreno o por carretera de 20-30 km (6-7ª zonas).
- Carrera continua regular en terreno en distancia 15-20 km (6ª zona).
- Carrera variable de 20 km (800m - 4ª zona, 400 m - 6-7ª zonas, etc.).
- Carrera variable de 30 km (2.000 m - 5ª zona, 1.000 m - 7-8ª zonas, etc.)
- 6-8 x 5.000 m (5ª zona), descanso entre distancias 10-15 minutos.
- 3-5 x 1.000 m (6ª zona), descanso entre distancias 15-20 minutos.

CAPÍTULO V

La flexibilidad del deportista y la metodología de su desarrollo

TIPOS DE FLEXIBILIDAD Y SU SIGNIFICACIÓN

Cuando se habla de flexibilidad, normalmente, se sobrentiende como tal aquellas propiedades morfofuncionales del aparato motor y del apoyo que determinan la amplitud de los diversos movimientos del deportista. Nosotros consideramos que este término es más aceptable para la valoración de la movilidad total de las articulaciones de todo el cuerpo. Cuando se trate de cada articulación en particular entonces será más correcto hablar de su movilidad, por ejemplo, en las articulaciones talocrurales, humerales, etc.

Para los deportistas, y en este caso para los atletas, el grado de desarrollo de la flexibilidad es uno de los factores esenciales que garantizan el nivel de maestría deportiva. Sabemos que, cuando el deportista no posee la suficiente flexibilidad el proceso de asimilación de sus hábitos motores disminuye y empeora notablemente, e incluso algunos de estos hábitos que aparecen con frecuencia como componentes más importantes de la técnica en ejercicios competitivos, en ningún caso puede ser asimilados.

Una movilidad insuficiente en las articulaciones limita, del mismo modo, el nivel de manifestación de la fuerza, de las aptitudes de velocidad y coordinación del deportista y, a su vez, empeora su coordinación intramuscular e intermuscular, reduce el rendimiento del trabajo y muy a menudo se convierte en una de las causas de las lesiones de los músculos y ligamentos.

El bajo nivel de desarrollo de la flexibilidad del deportista puede ser una de las causas de la disminución en los resultados del entrenamiento encaminado al desarrollo de otras de sus capacidades motoras.

La eficacia en una preparación de fuerza, en gran medida, se ve incrementada con el aumento de las amplitudes de movimiento realizadas por el deportista. Esto otorga la posibilidad de mostrar una gran fuerza gracias al uso de las propiedades elásticas de los músculos al iniciar el movimiento y también permite garantizar una carga estimulante en todas las fases del movimiento.

Las diversas modalidades atléticas presentan exigencias específicas a la flexibilidad del deportista condicionadas, sobre todo, por la estructura biomecánica de los ejercicios de competición. Por ejemplo, a los corredores les es indispensable estar en posesión de una movilidad máxima en las articulaciones coxofemorales, de la rodilla y talocrurales.

Cuando el desarrollo de la flexibilidad del deportista se halla a un nivel suficiente entonces la amplitud de movimiento que le es accesible en diversas articulaciones supera a aquella que es indispensable para llevar a cabo una ejecución eficaz de los ejercicios de competición. Esta diferencia se determina como una reserva de flexibilidad.

La flexibilidad puede ser activa y pasiva. Por flexibilidad activa entendemos la capacidad del deportista para realizar los movimientos con una gran amplitud a cuenta de la actividad de aquellos grupos musculares que circundan a la articulación correspondiente. La flexibilidad pasiva puede definirse como la capacidad del deportista para alcanzar una mayor movilidad en las articulaciones como resultado de las acciones de las fuerzas exteriores.

Los índices de flexibilidad pasiva siempre son mayores que los índices de flexibilidad activa. Sin embargo, dado que la flexibilidad activa es realizada por el deportista durante la ejecución de diversos ejercicios físicos su importancia en la práctica es mayor que la significación de la flexibilidad pasiva que influye en la magnitud de la reserva del deportista para el desarrollo de la flexibilidad activa.

Hemos de tener en cuenta que la relación entre la flexibilidad activa y la pasiva es insignificante. Con frecuencia nos encontramos con deportistas en los que su alto nivel de flexibilidad pasiva combina con un desarrollo débil de la flexibilidad activa o viceversa.

El nivel de flexibilidad pasiva es el fundamento para el aumento de la flexibilidad activa. Pero para el desarrollo de la última es necesario un especial trabajo multidireccional que, a menudo, está interrelacionado no sólo con el perfeccionamiento de las capacidades, que directamente determinan el nivel de flexibilidad, sino también, con un aumento de las capacidades de fuerza del deportista. Esta situación puede observarse, por ejemplo, mediante la gran diferencia existente entre la flexibilidad activa y la pasiva. Y cuanto mayor es esta diferencia, en mayor medida las fuerzas en aumento conducen a un incremento de la movilidad en las articulaciones.

Ambos tipos de flexibilidad son lo suficientemente específicos para cada articulación. Por ejemplo, un gran nivel de movilidad en las articulaciones humerales no garantiza un nivel elevado de movilidad en las articulaciones coxofemorales o en las talocrurales. En consecuencia, surge la necesidad de un desarrollo multilateral de la flexibilidad en el proceso de preparación física general del deportista que está dirigida a incrementar el movimiento en aquellas articulaciones más significativas para una u otra modalidad atlética en el proceso de preparación física especial.

Se distinguen también la movilidad anatómica que es la máxima posible. Su límite se determina por la estructura de las articulaciones correspondientes.

Cuando una persona realiza un movimiento habitual, utiliza tan sólo una parte ínfima de su potencial de movilidad.

La actividad competitiva en las diversas modalidades atléticas plantea un gran número de exigencias en la movilidad en unas u otras articulaciones. Cuando el deportista realiza elementos técnicos específicos, entonces la movilidad en las articulaciones puede alcanzar un 85-95% o más de la anatómica.

Es imprescindible tomar en consideración que la flexibilidad excesiva puede producir efectos negativos que con frecuencia desestabilizan las articulaciones de los deportistas y aumentan el riesgo de traumatismo.

Las particularidades en la formación de los distintas articulaciones y la unión de sus tejidos establece las posibles fronteras anatómicas de la flexibilidad a pesar de que el entrenamiento dirigido puede mejorar la elasticidad de las bolsas articulares, ligamentos y cambiar la forma de las superficies óseos articuladas.

FACTORES QUE DETERMINAN
EL NIVEL DE FLEXIBILIDAD DEL DEPORTISTA

La flexibilidad del deportista se asegura por los siguientes factores básicos: por las propiedades elásticas de los músculos y del tejido conectivo, la eficiencia de regulación de la tensión muscular y, asimismo, por la estructura de las articulaciones. La flexibilidad activa se determina también, por el nivel del desarrollo de la fuerza y perfeccionamiento de la coordinación.

Cuando estamos estudiando las factores que ponen en evidencia las propiedades elásticas del tejido muscular y las posibilidades de su desarrollo, es necesario, ante todo, indicar que los elementos de contracción de los músculos son capaces de aumentar su largura en un 30-40%, incluso, hasta 50% en relación con su largura en estado de tranquilidad, creando con ello las condiciones para ejecutar los movimientos de mayor amplitud.

La movilidad en algunas articulaciones puede ser garantizada, también, por la forma de los músculos y la distribución de la acción del músculo sobre una o varias articulaciones.

Los músculos enlazados con varias articulaciones pueden frenar algunos movimientos en las articulaciones al lado de las cuales están ubicados. Por ejemplo, la amplitud del movimiento en la articulación coxofemoral durante la elevación del muslo hacia adelante (flexión) y atrás (extensión) depende de la posición de la pierna en relación con el muslo. Si, en el caso del primer movimiento, la pierna está doblada en la articulación de la rodilla, la amplitud de dicho movimiento será considerablemente más grande que cuando la pierna está extendida. Esto se explica porque los músculos situados en la parte posterior del muslo y extendidos desde la pelvis hasta la pierna no actúan contra la elevación considerable de la cadera. En caso de estar extendida la pierna, estos músculos se alargan y, a causa de su relativamente menor largura que la de los músculos conectados únicamente a una articulación, frenan el movimiento. Esta capacidad de los músculos conectados con dos articulaciones se denomina como "insuficiencia pasiva" y de ésta depende significativamente el grado de movilidad de algunos eslabones de las extremidades. El término antípodo de la insuficiencia pasiva se define como "insuficiencia activa": la fuerza de elevación insuficiente de los músculos en comparación con la necesaria durante la ejecución de algún trabajo.

Entre los factores que aseguran el nivel de flexibilidad del deportista hay que destacar, en primer lugar, el grado de extensión del tejido conectivo que se determina por la propiedades elásticas del tejido de la piel.

Recalcamos que, de todos los factores que limitan la flexibilidad de las articulaciones, el tejido muscular es el que sufre más diferentes influencias. Durante una extensión forzada no solamente aumenta considerablemente la largura de los músculos en comparación con su largura en el estado de tranquilidad, sino que también crece sustancialmente la capacidad del músculo de alargarse bajo la influencia del entrenamiento.

Sin embargo, el volumen excesivo de la masa muscular, en especial, si ésta está formada principalmente bajo el entrenamiento en régimen excéntrico, es capaz de limitar considerablemente la elasticidad del tejido muscular y convertirse en el factor que restringe la flexibilidad en las articulaciones. Al mismo tiempo, durante la preparación racional de la fuerza y siguiendo el régimen de trabajo necesario que ayuda al desarrollo de la flexibilidad y al aumento de la capacidad de los músculos de relajarse, la elasticidad del tejido muscular no impide la manifestación de la flexibilidad.

Mucho más difícil es la situación con la elasticidad y capacidad de alargamiento de los tejidos conectivos: tendones, fascias, ligamentos, aponeurosis y cápsulas articulares. La capacidad de alargamiento de cada uno de los tipos de los tejidos conectivos se determina por la relación y las particularidades de interacción de las fibras conectivas: colágenas y elásticas.

Es completamente normal que la predominancia de los tejidos conectivos en algunas de estas fibras determina, en grado considerable, su capacidad de alargamiento y la influencia de la acción de entrenamiento especial. Sin embargo, la elasticidad del tejido conjuntivo se determina no solamente por la predominancia en su estructura del tipo concreto de las fibras, sino también, por las particularidades de interacción de las fibras colágenas entre sí. Por ejemplo, las fibras colágenas que forman los tendones, están situadas en forma de fascículos compactos y paralelos; en cuanto a las fascias de los músculos las mismas fibras se ubican por capas bajo diferentes ángulos, pasando, además, algunos fascículos de una capa a la otra para asegurar de este modo la conexión firme entre dichas capas, lo que se refleja notablemente en las diferencias de elasticidad de las estructuras examinadas.

La capacidad de alargamiento de los ligamentos, tendones, fascias, músculos, aponeurosis y cápsulas de las articulaciones se asegura por una situación especial de sus componentes, ante todo, de los fascículos de las fibras del tejido conectivo. La distribución de los fascículos en cada caso corresponde a las condiciones mecánicas en las que funciona cada órgano.

Una menor elasticidad poseen las aponeurosis y fascias de los músculos y el tejido conectivo fibroso compuesto de unas consistentes membranas de diferente grosor y no elásticas. Bajo la influencia de las cargas de gran intensidad crece considerablemente la elasticidad de las aponeurosis y fascias, convirtiéndose éstas en mucho más resistentes. En lo que se refiere a su capacidad de alargamiento, en este caso no se consigue lograr gran efecto.

Los tendones presentan una elasticidad relativamente más importante. Están compuestos de los fascículos compactos y paralelos de las fibras colágenas entre las cuales se sitúa una fina red elástica que permite un ligero alargamiento de los tendones.

Los tendones están rodeados por una sólida membrana conectiva que obstaculiza el alargamiento. Por la membrana pasan terminaciones nerviosas que envían al sistema central nervioso las señales sobre el estado de tensión del tejido tendinoso.

En comparación con las aponeurosis, fascias y los tendones, las cápsulas de las articulaciones se distinguen por la predominancia de las fibras elásticas, lo que determina su gran elasticidad y exposición a las influencias de los entrenamientos.

Sin embargo, la mayor elasticidad y posibilidad de ser entrenados, la tienen los ligamentos compuestos de cordones de las fibras elásticas situadas paralelamente. Las fibras elásticas gruesas, finas, redondeadas y aplanadas se ramifican con frecuencia, separándose unas de las otras bajo los ángulos rectos y formando de este modo una red alargada.

El nivel de la tensión del tejido muscular que sufre el alargamiento disminuye bajo la influencia del sistema de entrenamiento racional, basado en el uso de suaves movimientos de gran amplitud ejecutados a baja velocidad, que está dirigido al perfeccionamiento de la regulación nerviosa de la tensión muscular. Esto queda claramente confirmado por el siguiente ejemplo: un alargamiento rápido provoca una reacción inversa del sistema nervioso que se manifiesta en el envío de los impulsos para la contracción. Al contrario, la disminución de la velocidad de alargamiento de los músculos ayuda a la creación de un régimen más suave de regulación de la tensión muscular.

El paso de la frontera del límite individual de alargamiento de los músculos y tendones durante una etapa concreta del perfeccionamiento del deportista, estimula la introducción en la acción de una reacción de defensa contra un alargamiento excesivo de los tendones, de acuerdo con la cual, se efectúa la tensión defensiva del huso nervioso-tendinoso que impide el posterior alargamiento de los músculos.

Ambas reacciones, indicadas anteriormente, predeterminan que durante la planificación de la metodología del entrenamiento es necesario considerar tanto la velocidad de los movimientos, como su amplitud. Para cada etapa del perfeccionamiento del deportista existen características óptimas de dichos indicios, pero el exceder fuera de los límites lleva a las alteraciones de la regulación óptima de la tensión muscular.

Examinando los factores que determinan el nivel de los movimientos en las articulaciones, no se puede evitar el estudio de las particularidades artrológicas de las articulaciones. Se distinguen los siguientes tipos de articulaciones: multiaxiales (esferoideas y planas), biaxiales (condilares, sellares y elipsoideas) y uniaxiales (trocoidea y gínglimo).

Las articulaciones se clasifican también, en relación con la cantidad de huesos que participan en su formación y con las particularidades de combinación de sus movimientos entre sí. Desde este punto de vista, se distinguen las siguientes articulaciones: simples, compuestas, complejas y combinadas.

La amplitud de los movimientos en las articulaciones se determina, por lo general, por el grado de correspondencia de tamaño y curvatura de las superficies articulares: tanto más es la diferencia entre los tamaños (incongruencia de las articulaciones) y tanto más es la curvatura de dicha superficie, cuanto mayor es el ángulo de desviación. Pero hay que tener en consideración que la amplitud de los movimientos en las articulaciones puede ser limitada en un grado determinado por la cápsula y por muchas formaciones fuera y dentro de la misma, en primer lugar, por el aparato ligamentario.

Los movimientos en las articulaciones se determinan principalmente por la forma de las superficies articulares que se acostumbra a comparar con figuras geométricas (de aquí vienen los nombres de las articulaciones: elipsoideas, esteroideas, etc.). Y dado que los movimientos de los eslabones articulados se efectúan alrededor de uno, dos o varios ejes, se acostumbra también, a dividir las articulaciones en multiaxiales, biaxiales y uniaxiales.

Las articulaciones esteroideas y planas pertenecen a las articulaciones multiaxiales.

La articulación esferoidea tiene, como norma, areola articularia incongruente. Las funciones de esta articulación son las siguientes: flexión y extensión alrededor del eje frontal, adducción y aducción alrededor del eje sagital y movimientos circulares. La bolsa articular de las articulaciones esferoideas es ancha y como consecuencia, aquí se advierte mayor amplitud de los movimientos. La articulación esferoidea más típica es la humeral. La variedad especial de la articulación esferoidea es la coxofemoral.

Las articulaciones planas (por ejemplo, las de la columna vertebral) tienen areolas articuladas planas y congruentes, que conviene estudiar como pequeñas partes de una esfera grande. Los ligamentos y la bolsa articular están fuertemente tensados. Estas articulaciones son muchas en el cuerpo humano y tienen una movilidad limitada que se manifiesta en un insignificante y, a veces, dirigido deslizamiento.

Las articulaciones elipsoideas, sellares y condilares pertenecen a las biaxiales.

La articulación elipsoidea (por ejemplo, la radiocarpiana) tiene la bolsa articular y la cabeza incongruentes (la cabeza es inferior a la fosa) y parecidas a las partes de elipse. La función de esta articulación: son posibles los movimientos alrededor del eje sagital (adducción y abducción) y del eje frontal (flexión y extensión).

En las articulaciones sellares (por ejemplo, en la articulación carpometacarpiana del dedo pulgar de la mano) las superficies articularias se parecen a la de la silla de montar. Esto asegura el movimiento alrededor de los dos ejes: el frontal (flexión y extensión) y el sagital (adducción y abducción).

La articulación condilar se asemeja a la elipsoidea, pero la cabeza de la misma está presentada por los cóndilos (las articulaciones de rodilla y atlanto-occipital). Uno de los ejes de tal articulación es siempre frontal, el otro puede ser vertical (la articulación de rodilla) o sagital (la articulación atlantooccipital).

Las articulaciones trocoideas y gínglimos pertenecen a las uniaxiales. La articulación trocoidea (articulación atlantoaxial mediana y articulaciones radiolunares distal y proximal) es la forma principal de las articulaciones uniaxiales. Las cabezas y los fosos de estas articulaciones tienen forma cilíndrica regular y en este caso son posibles los movimientos no solamente alrededor de un eje, sino también, el deslizamiento por el dólico óseo.

El gínglimo (por ejemplo, las articulaciones interfalángicas) son una variedad de la articulación trocoidea y se distingue de la misma por la existencia en la cabeza cilíndrica del gínglimo de una ranura y de una cresta en el correspondiente foso articulario, que aseguran el movimiento alrededor de un solo eje (con más frecuencia, del eje frontal) y excluyen completamente los deslizamientos laterales.

Los tipos de articulaciones determinan sus movilidades. La máxima movilidad total se reconoce en las articulaciones esferoideas y la mínima, en las sellares y los gínglimos. Las articulaciones elipsoideas y trocoideas poseen una movilidad mediana.

El grado de movilidad en las articulaciones depende de la correspondencia de las superficies contiguas (según el volumen de su superficie). Tanto mayor es dicha convergencia, como menor es la movilidad en la articulación y viceversa.

Las articulaciones con máxima amplitud natural se exponen en un mayor grado a la adaptación que determina el aumento del diapasón de movilidad.

Durante la selección de diferentes ejercicios dirigidos al desarrollo de la movilidad en las articulaciones y elaboración de las recomendaciones de su uso, resulta muy importante distinguir los tipos de movimientos iniciales en base a los cuales se forman los movimientos que conducen al desarrollo de diferentes cualidades.

Se distinguen los siguientes tipos iniciales de movimientos:

1. La flexión es el movimiento que con más frecuencia se manifiesta por la disminución del ángulo entre los segmentos contiguos del cuerpo. Como ejemplos de estos movimientos pueden servir las flexiones del antebrazo y la mano, del muslo y la pierna.
2. La extensión es el movimiento con el cual los segmentos corporales regresan de la posición de flexión a la posición anatómica inicial, lo que lleva al aumento del ángulo entre estos dos segmentos. El posterior seguimiento del movimiento de extensión conduce a la hiperextensión.
3. La abducción es el movimiento del segmento al lateral de la línea media del cuerpo.
4. La adducción es el movimiento contrario a la abducción, durante el cual se realiza el acercamiento de segmento de la extremidad en dirección hacia la línea media del cuerpo.
5. La rotación es el movimiento del segmento corporal alrededor de su propio eje (por ejemplo, la rotación de la cabeza y tronco).
6. La circunducción es el movimiento circulatorio durante el cual una extremidad del segmento que participa en el movimiento describe un círculo. Con más frecuencia este tipo de movimiento están representados por una combinación de flexiones, extensiones, adducciones y abducciones. Como uno de los ejemplos puede servir la rotación del brazo.
7. Los movimientos especiales. Algunos tipos de los movimientos se determinan por términos especiales: por ejemplo, la rotación de antebrazo hacia afuera se determina como supinación, en cuanto, la pronación es, al contrario, la rotación del antebrazo hacia el interior.

La planificación racional del trabajo de entrenamiento dirigido al desarrollo de la flexibilidad de los atletas exige la consideración de los cambios de formación de la movilidad en las articulaciones por edades y se determina, en grado importante, por el nivel del desarrollo de los tejidos muscular, óseo y conjuntivo, particularidades de su inervación, asimismo, por las particularidades artrológicas que se manifiestan de diferente manera según la edad de la persona.

A medida del crecimiento del organismo suceden considerables cambios del esqueleto y transformación heterocrónica del tejido cartilaginoso al óseo. Por ejemplo, la osificación completa de las falanges de las manos finaliza a los 9-10 años (en las chicas este proceso transcurre con uno o dos años de anticipación en comparación con los chicos), la osificación del omóplato y la clavícula finalizan solamente a los 20-25 años. A los 7 años concluye la estabilización de las curvas cervical y dorsal de la columna vertebral y a los 12 años se forma la curva lumbar. Los huesos de la pelvis se unen a los 14-16 años. Solamente hacia esta edad los huesos de la pelvis obtienen suficiente solidez para soportar grandes cargas. Tampoco resulta regular el crecimiento de diferentes huesos de la pelvis. Esto se manifiesta especialmente en el período de la pubertad. En este período crecen muy rápido los huesos de las extremidades, de la pelvis (en especial entre las chicas) y del cinturón braquial (principalmente entre los chicos), en cuanto, los huesos de la caja torácica tardan considerablemente en comparación con el crecimiento general. Con distinta rapidez se forma, también, el esqueleto de las extremidades superiores e inferiores de los niños y adolescentes. Así por ejemplo, a los 7-8 años la largura de las piernas aumenta más de tres veces en comparación con su largura de los recién nacidos, pero en lo que se refiere a la largura de los brazos, ésta incrementa en el mismo período sólo unas dos veces (V.P. Filin, N.A. Fomin, 1980).

A medida que tiene lugar el crecimiento y la formación del organismo del niño, cambia la estructura de sus músculos, se perfecciona el aparato de contracción muscular y la forma de las terminaciones nerviosas. A los 7-8 años las fibras musculares obtienen las propiedades estructurales básicas características para los mayores. A esta edad se observa el aumento del crecimiento de los tendones en todos los músculos, se hacen más gruesas las fascias y aponeurosis, aumenta el volumen del tejido conjuntivo. Se perfecciona el lecho de los vasos sanguíneos de los músculos, se forman nuevos capilares y se hace más espesa la red vascular. En las paredes vasculares surgen muchos elementos elásticos. Se nota mucha elasticidad de los músculos y ligamentos, abundancia del líquido sinovial en las articulaciones.

A los 13-15 años aumenta la fuerza muscular, mejoran las propiedades elásticas de los músculos, sigue aumentando la cantidad de fibras musculares y crece su diámetro. Simultáneamente con la diferenciación del aparato de contracción muscular sigue el perfeccionamiento de las formaciones de tejidos. La cantidad de fibras elásticas aumenta con la edad, pero éstas se convierten en más ásperas.

Los cambios morfológicos y funcionales del organismo en crecimiento se reflejan en las manifestaciones de la movilidad en las articulaciones y predeterminan los límites por edades para el desarrollo de la flexibilidad. En la edad de 12-14 años el trabajo dirigido al desarrollo de la flexibilidad resulta dos veces más eficaz en comparación con el mismo trabajo en la edad de 18-20 y más años. Esto, indudablemente, es necesario tenerlo en consideración durante la elección de los medios y determinación de los volúmenes del trabajo dirigido al desarrollo de la flexibilidad en el proceso de preparación de los deportistas-atletas de diferente edad.

El nivel de la flexibilidad depende del sexo del deportista, de las particularidades del medio ambiente y de diferentes factores adicionales. Entre las mujeres el nivel de la flexibilidad es considerablemente más alto que entre los hombres (en especial en las articulaciones coxofemorales). La flexibilidad cambia durante el día: se observa que es mucho más inferior por la mañana, recién levantado después del sueño, luego crece gradualmente logrando sus índices máximos al mediodía y se disminuye paulatinamente por la tarde.

El calentamiento especial, diferentes tipos de masaje, procedimientos térmicos (por ejemplo, baños calientes, pomadas, etc.) llevan a un sustancial aumento de la flexibilidad. Por otra parte, el nivel de flexibilidad (ante todo, de la activa) lo disminuyen las pausas duraderas entre los ejercicios y el cansancio progresivo.

Todos estos factores también tienen que ser considerados durante la planificación del trabajo encaminado al desarrollo de la flexibilidad de los deportistas.

LA METODOLOGÍA DE DESARROLLO DE LA FLEXIBILIDAD

Los ejercicios de desarrollo general, utilizados para el aumento de la flexibilidad, son movimientos basados en las flexiones, extensiones y los giros. Estos ejercicios están dirigidos al aumento de la movilidad en todas las articulaciones, pero en éstas no se considera la específica de la modalidad de atletismo en la que está especializado el deportista.

Los ejercicios auxiliares se escogen con el fin de perfeccionamiento eficiente en la modalidad concreta de atletismo, teniendo en cuenta la importancia de la flexibilidad en determinadas articulaciones para dicho perfeccionamiento. Los movimientos característicos para ello son los que necesitan la movilidad máxima: flexión, extensión, abducción, adducción y rotación.

Los ejercicios preparatorios-especiales se forman en correspondencia con las exigencias que presenta la específica de la actividad competitiva del deportista hacia las acciones motoras principales.

Para aumentar la movilidad en cada articulación se utiliza normalmente el complejo de los ejercicios del mismo tipo que actúan de manera multilateral sobre las formaciones articulares y sobre los músculos que limitan el nivel de flexibilidad.

Los ejercicios dirigidos al desarrollo de la flexibilidad pueden tener carácter activo, pasivo y mixto.

Los ejercicios pasivos están relacionados con la superación de la resistencia de los músculos y ligamentos que sufren el alargamiento a cuenta del peso del cuerpo del deportista o algunas de sus partes, con ayuda de los medios adicionales (pesas, palos, etc.) o con ayuda del compañero.

Los ejercicios activos pueden efectuarse con o sin pesas (u otras cargas) y presuponen el sostenimiento estático, los movimientos de balanceo y elásticos.

Los medios utilizados durante el desarrollo de la flexibilidad se componen de los ejercicios que desarrollan la flexibilidad activa o pasiva.

Para el desarrollo de la flexibilidad pasiva contribuyen diferentes movimientos pasivos: movimientos efectuados con ayuda del compañero y diferentes cargas y también, con el uso de la propia fuerza (por ejemplo, flexión del tronco hacia las piernas, piernas hacia el pecho, flexión de la mano de un brazo con la otra, etc.), o bajo la propia masa del cuerpo del deportista, y, asimismo, los ejercicios estáticos: sostenimiento de la extremidad en una posición que exige la manifestación máxima de la flexibilidad.

La flexibilidad activa se desarrolla con ayuda de los ejercicios efectuados tanto sin, como con diferentes cargas. Éstas pueden ser diferentes movimientos de balanceo, flexiones, etc. El uso de las cargas (pelotas medicinales, aparatos especiales, etc.) aumenta la eficacia de estos ejercicios dado que crece la amplitud de los movimientos (mediante el uso de la inercia). El trabajo dirigido al desarrollo de la flexibilidad puede ser dividido en dos etapas: la primera es la etapa del aumento de la movilidad en las articulaciones; la segunda es la etapa de mantenimiento de la movilidad en el nivel logrado anteriormente.

El desarrollo de la movilidad se realiza, por lo general, en la primera etapa del período preparatorio del entrenamiento. En la segunda etapa del período preparatorio y durante el período de competición normalmente se mantiene la movilidad en las articulaciones en el nivel logrado y también, se desarrolla la movilidad en las articulaciones donde ésta resulta más importante para el logro de altos resultados en los ejercicios de competición.

Los programas de algunas sesiones de entrenamiento pueden ser compuestos de los ejercicios orientados al desarrollo de la flexibilidad. Sin embargo, estos ejercicios, con más frecuencia, son planificados dentro de las sesiones complejas, en las que junto con el desarrollo de la flexibilidad, se realiza, también, la preparación de fuerza de los atletas.

Los ejercicios de flexibilidad pueden ser ampliamente incluidos en el calentamiento antes de las sesiones de entrenamiento y, asimismo, componen una parte importante de la gimnasia matutina.

Planificando el trabajo dirigido al desarrollo de la flexibilidad, es necesario recordar que la movilidad activa incrementa unas dos veces más lentamente que la pasiva. Se necesita, también, tiempo diferente para el desarrollo de la movilidad en diferentes articulaciones. Por ejemplo, la movilidad en las articulaciones humeral, cubital y radiocarpiana aumenta con más rapidez que en la articulación coxofemoral y articulaciones de la columna vertebral (B.S. Sermeev, 1970).

El tiempo, aportado al desarrollo de la flexibilidad puede variarse conforme con la estructura de la articulación y del tejido musculoso, con la edad del deportista y depende, ante todo, de la estructura del proceso de entrenamiento. Más adelante estudiaremos las bases del entrenamiento dirigido al desarrollo de la flexibilidad.

El trabajo del desarrollo de la flexibilidad en la etapa de aumento de la movilidad en las articulaciones ha de ser efectuado diariamente.

En la etapa de mantenimiento de la flexibilidad en las articulaciones sobre un nivel logrado anteriormente, el trabajo de desarrollo de la flexibilidad es necesario realizarlo con menos frecuencia: 3-4 veces por semana y el volumen de este trabajo puede ser disminuido. Pero no se puede eliminar completamente el trabajo orientado al desarrollo o mantenimiento de la flexibilidad en ninguna etapa del año de entrenamiento.

Tras finalizar el entrenamiento de la flexibilidad, ésta vuelve con bastante rapidez al nivel inicial o similar al mismo.

Los entrenamientos una o dos veces cada semana no aseguran el mantenimiento de la flexibilidad.

El tiempo que se gasta diariamente para el desarrollo de la flexibilidad puede variar de 20-30 min hasta 45-60 min. Este trabajo puede ser distribuido durante el día de diferente manera: normalmente un 20-30% de todo el volumen de dicho trabajo está incluido en la gimnasia matutina, en cuanto el calentamiento antes de las sesiones de entrenamientos y los demás ejercicios dirigidos al desarrollo de la flexibilidad, se planifican dentro de los programas de las sesiones de entrenamientos.

Hay que indicar, también, el papel importante de la alteración racional de los ejercicios que desarrollan la flexibilidad con los ejercicios de distinta orientación. En la práctica se utilizan diferentes combinaciones, sin embargo, no todas tienen la misma eficacia.

Por ejemplo, una de las más divulgadas combinaciones es la alteración de los ejercicios de fuerza con los de desarrollo de la flexibilidad de los músculos correspondientes. Esto en algún modo ayuda al aumento de la eficacia del entrenamiento de fuerza, sin embargo resulta inútil para el desarrollo de la flexibilidad del deportista, ya que lleva a una considerable disminución de la amplitud del movimiento de una repetición a la otra.

Al mismo tiempo, los ejercicios dirigidos al desarrollo de la flexibilidad pueden alternarse eficazmente con los que necesitan las manifestaciones de rapidez, destreza y con los ejercicios de relajación.

Sin embargo, con más frecuencia, los ejercicios que desarrollan la flexibilidad son separados en una parte independiente de la sesión que se realiza normalmente después de un calentamiento intensivo que incluye los ejercicios con gran amplitud de movimientos. Dicho orden de ejercicios ayuda a la manifestación máxima de la flexibilidad en las articulaciones y resulta el más eficaz.

También es muy importante la consecuencia de la ejecución de los ejercicios dirigidos al desarrollo de la movilidad en diferentes articulaciones. Solamente tras terminar la ejecución de los ejercicios dirigidos al desarrollo de la movilidad en una articulación, se ha de pasar a los ejercicios para la siguiente articulación. No tiene mucha importancia con qué articulación se inicia el trabajo de flexibilidad, aunque, como regla, se efectúan primeramente los ejercicios que incluyen el trabajo de grandes grupos musculares.

La correlación del trabajo que ayuda el desarrollo de la flexibilidad activa y la pasiva cambia en el transcurso del ciclo anual. En las primeras etapas del año de entrenamiento predominan los medios de desarrollo de la flexibilidad pasiva, lo que forma la base para el posterior trabajo del desarrollo de la flexibilidad activa. Posteriormente, aumenta el volumen de los ejercicios dirigidos al desarrollo de la flexibilidad activa.

El masaje realizado previamente ayuda al aumento de la flexibilidad de los correspondientes grupos musculares.

Los índices máximos de la flexibilidad se manifiestan al mediodía, entre las 10 y 18 horas, en cuanto por la mañana y por la tarde la movilidad de las articulaciones es menor. Pero esto no significa que en las primeras horas del día o por la tarde no haya que efectuar los ejercicios dirigidos al desarrollo de la flexibilidad. Con un calentamiento correspondiente, el trabajo de perfeccionamiento de esta cualidad puede ser planificado y realizado a cualquiera hora del día.

Uno de los serios problemas de la metodología de la preparación física de los deportistas de alto nivel, incluidos los atletas, es la combinación del trabajo encaminado al desarrollo de la flexibilidad y al desarrollo de las cualidades de fuerza. Es muy importante conseguir no solamente el alto nivel del incremento de la flexibilidad y fuerza del deportista, sino también, asegurar un desarrollo adecuado de estas dos cualidades. La alteración de esta exigencia lleva a que una de las cualidades que tiene el nivel de desarrollo más bajo, no permite la manifestación de la otra cualidad (por ejemplo, el retraso en el desarrollo de la movilidad en las articulaciones no deja al deportista la posibilidad de efectuar los movimientos con rapidez y fuerza necesarias). Por lo tanto, la metodología del desarrollo de la flexibilidad de los atletas presupone no solamente la correspondencia de esta cualidad con las capacidades de fuerza del deportista, sino también, asegura, durante el proceso del entrenamiento, las condiciones para el desarrollo conjunto de ambas cualidades. En la práctica, esto debe llevar a la selección de los ejercicios de preparación auxiliar y de preparación especial de orientación hacia la fuerza, los cuales crean las condiciones para el desarrollo de la flexibilidad o para el mantenimiento de su nivel logrado anteriormente.

Posteriormente estudiaremos las exigencias para los componentes básicos de la carga, que son necesarios para tenerlos en consideración durante el planeamiento del trabajo dirigido al desarrollo de la movilidad de las articulaciones.

CARÁCTER Y ORDEN DE LOS EJERCICIOS

Para el desarrollo de la flexibilidad pasiva los ejercicios más eficaces son los suaves con la amplitud que aumenta paulatinamente y el trabajo muscular concesivo.

El volumen de la influencia exterior se escoge para cada deportista personalmente y se deben tener presentes las particularidades de las articulaciones y de los grupos musculares que se someten al estiramiento.

Los ejercicios con movimientos de balanceo libres resultan los menos eficaces, dado que el estiramiento depende de la inercia de las extremidades que efectúan los movimientos de balanceo y está relacionado con la necesidad de efectuar estos movimientos en un ritmo rápido. Los movimientos rápidos estimulan la manifestación del reflejo de defensa que limita el estiramiento, lo que lleva a la inmovilización de los músculos que están bajo el efecto de estiramiento.

Para el desarrollo de la flexibilidad activa resultan eficaces los ejercicios de fuerza de carácter dinámico y estático escogidos de modo correspondiente (al igual, que los ejercicios de estiramientos efectuados por medio de esfuerzos musculares). También es conveniente utilizar ampliamente los ejercicios dinámicos lentos con el mantenimiento de las posturas estáticas en el punto final de la amplitud. Estos ejercicios resultan mucho más eficaces que los ejercicios de balanceo brusco.

Sin embargo, no se logra conseguir un estiramiento eficaz de los músculos aplicando solamente estos ejercicios que necesitan la manifestación de la flexibilidad activa, incluso si el nivel de la fuerza máxima de los músculos que actúan sobre la articulación es muy alto. Así que, en el proceso de trabajo del desarrollo de la flexibilidad, se ha de prestar mucha atención a tales ejercicios que necesitan un elevado nivel de la manifestación de la flexibilidad pasiva y también, a los ejercicios dinámicos con el carácter del trabajo concesivo y el alargamiento máximo posible de los músculos que están funcionando.

La relajación eficaz del tejido muscular necesaria para la ejecución íntegra de los ejercicios dirigidos al desarrollo de la flexibilidad, puede ser estimulada por una tensión previa de los músculos. Se trata de que con un estiramiento rápido del músculo relajado se cree el reflejo natural de protección de las terminaciones nerviosas sensibles, situadas en el tejido muscular y en los tendones, llegando los impulsos al sistema central nervioso que estimulan la tensión del músculo, es decir, su reacción contra el estiramiento impuesto.

En cuanto a la contracción previa de los músculos provoca una reacción inversa: desde las terminaciones nerviosas se dirige la información que estimula la relajación involuntaria de los músculos. Esto mejora las condiciones para el posterior alargamiento de los músculos, lo que predetermina la eficacia de este medio metodológico, que se basa en las alteraciones de la tensión previa de los músculos con su posterior estiramiento forzado. En el trabajo práctico, esta técnica se realiza del siguiente modo: después de un buen calentamiento sigue 5-6 segundos de tensión submáxima, 5-6 segundos después mantener la posición de extensión máxima durante 5-6 segundos. Cada ejercicio puede contener de 2 a 6 repeticiones.

La alteración de los ejercicios que favorecen el desarrollo de las cualidades de fuerza de los atletas y aumentan la movilidad de las articulaciones ayuda a asegurar la gran amplitud durante la ejecución de la mayoría de los ejercicios. Esto influye positivamente sobre la eficacia de los programas de entrenamiento utilizados tanto para el desarrollo de la fuerza máxima y resistencia de fuerza del deportista, como también, para el aumento de la movilidad en las articulaciones. La ejecución de los ejercicios en el mismo orden ocasiona el cambio escalonado de la movilidad en las articulaciones. Cada ejercicio de fuerza, independientemente de su orientación, lleva a la disminución de la movilidad en comparación con los resultados de la anterior prueba; cada ejercicio dirigido al aumento de la movilidad en las articulaciones causa un aumento considerable de la flexibilidad.

La combinación dentro de un ejercicio del trabajo dirigido al desarrollo de las cualidades de fuerza con el que incrementa la movilidad de las articulaciones, contribuye al aumento gradual de la movilidad en las articulaciones de un ejercicio al otro. Además, se crean condiciones no solamente para el desarrollo eficaz de la flexibilidad del deportista, sino también, para la manifestación de las cualidades de fuerza por medio del estiramiento previo activo de los músculos, que se muestra en el aumento de la potencia de los esfuerzos. Además, durante la ejecución de estos ejercicios mejora la estructura de coordinación de los movimientos dentro del diapasón tanto de las fases principales, como también, de las acciones motoras adicionales, y se perfeccionan los mecanismos de los traspasos musculares, lo que resulta muy importante para el aumento de las posibilidades de fuerza.

Durante la ejecución de los ejercicios que contribuyen al desarrollo conjunto de la fuerza y flexibilidad del atleta, resultan eficaces las posteriores detenciones de 3-5 seg en la fase de máximo alargamiento de los músculos.

DURACIÓN DE LOS EJERCICIOS
(CANTIDAD DE LAS REPETICIONES)

Durante la ejecución de los ejercicios existe una determinada dependencia entre el nivel de la flexibilidad y la duración del trabajo. Al principio del trabajo, el deportista no puede lograr la amplitud completa de los movimientos, ésta normalmente asciende a 80-95% de las posibilidades máximas y depende de la eficacia del calentamiento previo y del nivel de la relajación precedente de los músculos. Paulatinamente, la flexibilidad aumenta y llega al máximo dentro de 10-20 seg aproximadamente (durante la ejecución duradera del estiramiento) y dentro de 15-20 seg, en caso de repetición múltiple de los ejercicios de poca duración.

Los volúmenes máximos de flexibilidad pueden mantenerse durante 15-30 seg, y luego, a medida del desarrollo del cansancio y de la tensión de los músculos en alargamiento relacionada con éste, la flexibilidad comienza a disminuir.

Las oscilaciones se determinan por las particularidades individuales de los deportistas y, asimismo, por el carácter de la articulación. Para las distintas articulaciones es muy diferente la cantidad de movimientos necesarios para el logro de la máxima amplitud y, asimismo, la cantidad de los movimientos durante los cuales la amplitud se mantiene sobre el nivel máximo.

La duración de los ejercicios depende también de la edad y del sexo de los deportistas. La cantidad de repeticiones entre los deportistas jóvenes (12-14 años) puede ser uno-dos veces menor que entre los deportistas seniors. Entre las mujeres, para lograr el mismo efecto de entrenamiento, la duración del trabajo debe ser un 10-15% menor que para los hombres.

En relación con el carácter de ejercicios y el ritmo de movimientos, la duración de los ejercicios puede ser entre 20 seg y 2-3 min o más. Normalmente los ejercicios estáticos activos son de poca duración. Los movimientos pasivos de flexión y extensión pueden ejecutarse durante un largo rato.

En la tabla 9 les ofrecemos la cantidad máxima de movimientos recomendados para efectuarlos dentro de una sesión y destinados al desarrollo de la movilidad en diferentes articulaciones. Esta cantidad se logra ejecutando una serie de grupos de ejercicios. En cada complejo se plantea, normalmente, unos 10-12 movimientos activos. Durante la ejecución de los ejercicios estáticos la duración del trabajo en cada complejo de ejercicios es entre 6 y 12 seg, de los movimientos de balanceo es de 10 a 15 seg y de los movimientos pasivos es de 10 a 20 seg.

TABLA IX: Dosificación de los ejercicios en diferentes etapas de desarrollo de la flexibilidad en las articulaciones (B.V. SERMEEV, 1970)		
ARTICULACIONES	CANTIDAD DE MOVIMIENTO EN LAS ARTICULACIONES EN LA ETAPA DE	
	Desarrollo de la movilidad	Mantenimiento de la moviidad
– Vertebrales	90 - 100	40 - 50
– Coxofemorales	60 - 70	30 - 40
– Humerales	50 - 60	30 - 40
– Radiocarpianas	30 - 35	20 - 25
– De rodillas	20 - 25	20 - 25
– Talocrurales	20 - 25	10 - 15

EL RITMO DE MOVIMIENTOS

Durante el desarrollo de la movilidad en las articulaciones es deseable que el ritmo de los movimientos no sea muy alto. En este caso, los músculos sufren un mayor alargamiento y aumenta la duración de la acción sobre las articulaciones correspondientes. Por otro lado, el ritmo lento garantiza el evitar el traumatismo de las articulaciones y ligamentos.

EL VOLUMEN DE LAS CARGAS

Durante el uso de diferentes cargas adicionales que contribuyen a la máxima manifestación de la movilidad en las articulaciones, es necesario que el volumen de cargas no supere al 50% el nivel de las capacidades de fuerza de los músculos en alargamiento, aunque los deportistas de alto nivel bien preparados pueden utilizar cargas más importantes.

El volumen de las cargas depende, en un grado considerable, del carácter del ejercicio: durante la ejecución de los movimientos lentos con el alargamiento forzado, las cargas deben ser bastante altas, mientras que durante el uso de los movimientos de balanceo resultan suficientes las cargas de 1-3 kg.

Los intervalos de descanso entre algunos ejercicios deben asegurar la ejecución de éstos en condiciones de recuperación completa de la capacidad de trabajo. La duración de las pausas oscila en un diapasón bastante amplio (normalmente de 10-15 seg hasta 2-3 min) y depende del carácter de los ejercicios, de su duración y del volumen de los músculos que participan en el trabajo.

EL CONTROL DE FLEXIBILIDAD

En el deporte, incluido el atletismo, el control de flexibilidad está dirigido al descubrimiento de la capacidad del deportista de ejecutar los movimientos con mucha amplitud.

Para el control de la flexibilidad activa se utiliza la valoración cuantitativa de la capacidad del deportista de ejecutar los ejercicios con mucha amplitud por medio de la actividad de los músculos esqueléticos; la flexibilidad pasiva se controla por la amplitud de los movimientos lograda durante la aplicación de las fuerzas exteriores (ayudas del compañero, cargas utilizadas, etc.).

Los índices de la flexibilidad pasiva siempre son más altos que los de la flexibilidad activa. Como ya lo hemos indicado anteriormente, la diferencia entre la flexibilidad activa y la pasiva refleja el volumen de la reserva para el desarrollo de la flexibilidad activa.

Dado que la flexibilidad del deportista depende no solamente de las particularidades anatómicas de sus articulaciones, sino también, del estado del aparato muscular, a medida que se realiza el control se revela el déficit de la flexibilidad activa (como diferencia entre los volúmenes de la flexibilidad activa y la pasiva).

En la práctica del deporte, para determinar la movilidad en las articulaciones se utilizan las mediciones lineales y angulares. Durante el uso de las mediciones lineales las particularidades individuales de los deportistas pueden influenciar sobre los resultados de los controles: por ejemplo, la largura de los brazos o anchura de los hombros influyen sobre los resultados de las mediciones durante las flexiones adelante, etc. Así que, en todos los casos cuando se presenta la posibilidad, es necesario tomar medidas para excluir dicha influencia. Por ejemplo, durante la ejecución del paso de un palo suje-to con ambas manos de adelante hacia atrás, resulta eficaz la determinación del índice de la flexibilidad como la relación de la anchura de la presa (cm) y la anchura de hombros (cm). Pero esto resulta necesario solamente en caso de comparación del nivel de flexibilidad de los deportistas que tienen parti-cularidades morfológicas diferentes.

Para medir la amplitud máxima de los movimientos del deportista se pue-den utilizar diferentes métodos: goniométrico, óptico, radiográfico, etc. En ca-so de aplicación del método goniométrico se usa el goniómetro eléctrico o mecánico, a uno de los apoyos del cual está sujeto un transportador o poten-ciómetro; durante la determinación de la amplitud de los movimientos del deportista las agujas del goniómetro se fijan sobre los ejes longitudinales de los segmentos que forman la articulación.

Los métodos ópticos modernos están relacionados con la grabación en vídeo de los movimientos del deportista, colocando unas marcas especiales sobre los puntos correspondientes a la ubicación de las articulaciones de su cuerpo; la relación de los resultados de los cambios de la situación de dichas marcas permite determinar la amplitud de los movimientos. El método radio-gráfico puede ser utilizado cuando es necesario determinar la amplitud ana-tómica máxima posible de los movimientos en las articulaciones.

Es imposible dar una valoración objetiva de la flexibilidad del deportista determinando solamente la movilidad en una u otra articulación, ya que en caso de estar desarrollada la alta movilidad en algunas articulaciones, en las otras puede notarse movilidad mediana o baja. Así que, para la investiga-ción compleja de la flexibilidad, es necesario determinar la amplitud de los movimientos en diferentes articulaciones (B.V. Sermeev, 1970; B. Pejtl, 1971).

Examinaremos los métodos principales que se aplican para la valoración de la movilidad en diferentes articulaciones.

La movilidad en LAS ARTICULACIONES DE LA COLUMNA VERTEBRAL normalmente se determina por el grado de flexión del tronco hacia adelante. El deportista se sube sobre un banco y flexiona máximamente hacia adelante sin doblar las piernas en las articulaciones de rodilla. La movilidad en las articulaciones se valora por la distancia de la parte inferior del banco hasta los dedos medianos de las manos (cm): tanto más bajo se sitúan los dedos de las manos de la parte inferior del banco, como más alta es la movilidad en las articulaciones de la columna vertebral; si los dedos están por encima del borde del banco, el grado de la movilidad en las articulaciones de la columna vertebral en esta flexión se considera como insuficiente.

Sobre la movilidad de la columna vertebral durante los movimientos laterales se juzga por la diferencia entre la distancia del suelo hasta el dedo corazón de la mano en posición del deportista en flexión máxima lateral.

Para medir la movilidad durante los movimientos de extensión de la columna vertebral, el deportista flexiona lo más posible hacia atrás desde la posición de pie con los pies ligeramente separados. Se mide la distancia entre la sexta vértebra cervical y la tercera lumbar.

Para determinar la movilidad durante la flexión del tronco hacia adelante se puede utilizar otro método. El deportista está sentado sobre el banco gimnástico con las piernas estiradas; el tronco y la cabeza están activamente flexionados hacia adelante-abajo. Con ayuda del goniómetro se mide el ángulo entre el plano vertical y la línea que une la cresta ilíaca de la pelvis con el proceso espinoso de la última (séptima) vertebra cervical. La movilidad se considera como buena, si la cabeza del deportista toca las rodillas (el ángulo es inferior a 150°); si las manos no alcanzan a las articulaciones talocrurales (el ángulo es inferior a 120°), la movilidad es insuficiente.

LA MOVILIDAD EN LA ARTICULACIÓN HUMERAL. El deportista está sentado sobre el suelo con la espalda recta; las piernas están extendidas hacia adelante (en la región de las rodillas éstas tocan el suelo); los brazos rectos y alargados hacia adelante en el nivel de los hombros y con las palmas de las manos hacia dentro. El otro deportista se coloca por detrás de la espalda del primero, coge sus brazos y los lleva lo más lejos posible hacia atrás en el plano estrictamente horizontal. El primer deportista no debe extender la espalda, ni cambiar la posición de las manos. Si sus brazos se acercan unos 15 cm sin especial esfuerzo por parte del compañero, esto significa que el deportista posee flexibilidad mediana; si sus brazos se rozan o se cruzan, su flexibilidad es mayor a la mediana.

Otro método de valoración de la movilidad en la articulación humeral es el siguiente: el deportista está tumbado sobre la espalda en el banco gimnástico, la cabeza se coloca en el borde del banco. Los brazos juntos están bajados (pasivamente, bajo su propio peso) detrás de la cabeza. Se mide el ángulo entre el eje longitudinal del hombro y el plano horizontal que se alcanza con los brazos. Si los codos bajan por debajo de la superficie horizontal unos 10-20°, la movilidad se considera como buena; si los brazos se sitúan horizontalmente o por encima del nivel del banco, la movilidad es deficiente.

Para los deportistas especializados en una serie de modalidades de atletismo tiene mucha importancia la capacidad de rotación hacia afuera de las articulaciones de rodilla y coxofemorales. Durante la rotación en las articulaciones de las rodillas el deportista está en posición de apoyo sobre las mismas con los talones juntos. Separando los pies hacia afuera, pasa a la posición sentado sobre los talones. Se mide el ángulo de la rotación pasiva, es decir, el ángulo entre los ejes de los pies. La movilidad se considera como buena cuando este ángulo es de 150° y más; la movilidad es insuficiente cuando este ángulo es menor de 90°.

Durante la rotación en las articulaciones coxofemorales el deportista está tumbado sobre el banco gimnástico con las piernas estiradas y juntas y con los pies relajados; luego gira los pies hacia fuera lo máximo posible. Se mide el ángulo de la rotación activa entre los ejes de los pies. La movilidad se estima como buena en caso de alcanzar el ángulo de 120° y más; la movilidad se evalúa como insuficiente cuando este ángulo es inferior a 90°.

La movilidad en las articulaciones se puede valorar también, durante la ejecución de los ejercicios dirigidos al desarrollo de la flexibilidad. En este caso, los ejercicios llevarán el carácter tanto básico, como especial. En los ejercicios básicos se han de utilizar diferentes movimientos (flexiones, extensiones, rotaciones, aducciones y abducciones) que necesitan el alto nivel de movilidad en las articulaciones. Estos ejercicios deben ser muy diversos con el fin de poder valorar tanto la flexibilidad pasiva, como la activa. Sin embargo, el uso de los ejercicios tiene especial importancia para la valoración del nivel de la flexibilidad especial, teniendo en cuenta la estrecha relación entre el grado de la movilidad en las articulaciones y la eficacia de la técnica deportiva, capacidad de realización de fuerza, cualidades de velocidad, coordinación y resistencia (V.N. Platonov, M.M. Bulatova, 1992).

Durante el control de la flexibilidad se ha de tener en consideración que diferentes modalidades de atletismo presentan diferentes exigencias hacia la movilidad en diferentes articulaciones.

Lo específico para cada una de las modalidades del atletismo dicta las exigencias para la elección de los ejercicios especiales.

CAPÍTULO VI

Capacidad de coordinación de los deportistas y metodología de su desarrollo

CARACTERÍSTICAS GENERALES DE LOS FACTORES QUE DETERMINAN LA COORDINACIÓN DE LOS DEPORTISTAS

E ntre los factores que determinan el nivel de la coordinación (las capacidades de coordinación) del deportista es necesario destacar la percepción multilateral y el análisis de sus propios movimientos, la existencia de imágenes de las características dinámicas, espaciales y de tiempo del cuerpo y de sus diferentes partes en una compleja interacción; la comprensión por el deportista del objetivo motor planteado ante él y, finalmente, la formación del plano y del método concreto de la ejecución de los movimientos (N.A. Bernshtein, 1966; A.Z. Puni, 1980). Si están presentes todos los componentes citados, puede verse asegurada una eficaz impulsión efectora de los músculos y grupos musculares necesarios para una eficiente (desde el punto de vista de coordinación) ejecución del movimiento desde el punto de vista de coordinación.

El factor de similar importancia es el control operativo de las características de los movimientos, efectuados por el deportista, y el análisis de los resultados de dicho control. En este mecanismo, el papel especial lo desempeña la precisión de los impulsos aferentes que llegan de los receptores de los músculos, tendones, articulaciones, cartílagos articulares, y también, de los analizadores vestibular y ocular; eficacia del análisis de estos impulsos por el sistema nervioso central, precisión y racionalismo de los impulsos aferentes que aseguran la calidad de los movimientos efectuados.

Considerando la sensibilidad muscular-articular como el factor básico que asegura la eficiencia de los impulsos aferentes, se ha de indicar la selectividad de su formación que corresponde estrictamente a la específica de la modalidad de atletismo en concreto y a la riqueza técnica del deportista. Por esto, en caso del desarrollo dirigido hacia la sensibilidad muscular-articular es necesario orientarse en la diversidad de los ejercicios, en una amplia variedad de sus características dinámicas y de espacio-tiempo y en la necesidad de introducción al trabajo de los músculos y las articulaciones concretas.

Al número de los factores más importantes, que aseguran el nivel de las capacidades de coordinación, pertenece la memoria motora, es decir, la capacidad del sistema central nervioso de memorizar los movimientos y reproducirlos en caso necesario (N.A. Bernshtein, 1966).

La memoria motora de los deportistas de alto nivel contiene múltiples hábitos de distinta dificultad. Esto asegura la manifestación en un alto nivel de las capacidades de coordinación en diferentes condiciones, características para la actividad de entrenamiento y competición, en condiciones de aprendizaje de los nuevos movimientos, reproducción de los movimientos más eficaces en condiciones de déficit del tiempo y espacio, en estado de fatiga, en caso de necesidad de improvisación en situaciones imprevistas, etc. Precisamente, la presencia de estos "surtidos" en la memoria motora del deportista predetermina las acciones motoras rápidas y eficaces en aquellas condiciones en las que su sistema nervioso central no tiene tiempo de analizar la información que recibe de los receptores.

Entre los muchos factores importantes que predeterminan el nivel de las capacidades de coordinación está la coordinación intramuscular eficaz. La capacidad de activar rápidamente la cantidad necesaria de unidades motoras, de asegurar la interacción óptima de los músculos sinérgicos y músculos antagónicos y el paso rápido y eficaz de la tensión de los músculos a su relajación, son capacidades que poseen los deportistas de alto nivel que se distinguen por el elevado grado de las capacidades de coordinación.

Mucha importancia para el aumento de nivel de las capacidades de coordinación de los deportistas, incluidos los atletas, tiene la adaptación de la actividad de diferentes analizadores conforme con las particularidades específicas de la modalidad deportiva concreta. Bajo la influencia del entrenamiento mejoran las funciones de muchos analizadores. Esto se manifiesta, por ejemplo, en la disminución del límite de la sensibilidad propriioceptiva.

Las capacidades de coordinación, basadas en las manifestaciones de las reacciones motoras y anticipaciones de espacio-tiempo, forman la base de la actividad de los deportistas en las situaciones imprevistas y variables.

El desarrollo positivo de las habilidades y cualidades especializadas de los atletas exige el desarrollo de las siguientes capacidades:

– Diferenciar y anticipar los componentes de espacio-tiempo de las situaciones de competición.
– Escoger el momento óptimo del inicio de los movimientos.
– Determinar de manera adecuada las direcciones, amplitud, características de velocidad, profundidad y el ritmo de sus acciones.

Todo esto se realiza en el proceso de trabajo de las acciones estipuladas, acciones con selección, etc., en los ejercicios que plantean los objetivos de variación de la rapidez, el ritmo y la amplitud de las acciones.

Las capacidades de coordinación específicas no están desarrolladas igualmente incluso entre los deportistas de alto nivel: cada uno tiene sus partes fuertes y las débiles de preparación, aunque las primeras pueden compensar la presencia de las segundas.

Indicaremos las variantes más típicas de las compensaciones:

– Las insuficiencias de razonamientos tácticos están compensadas por la rapidez de las reacciones motoras, estabilidad y distribución de la atención, sentido del tiempo, distancia, momento, etc.
– Las insuficiencias de distribución de la atención están compensadas por la rapidez de la percepción y las operaciones de razonamiento, precisión de las diferenciaciones musculares-motoras, etc.
– Las insuficiencias de transmutaciones de atención se compensan por la rapidez de las reacciones motoras, las capacidades de pronosticar exactamente los cambios de situación, sentidos de tiempo, etc.
– La velocidad insuficiente de las reacciones motoras se compensa por la capacidad de pronosticar, el sentido de distancia, sentido del tiempo, la distribución de la atención y su estabilidad, los razonamientos tácticos, etc.
– La precisión insuficiente de las diferenciaciones motoras se compensa por la atención, rapidez de las reacciones motoras, el sentido del tiempo, etc. (V.S. Keller, 1987).

Las capacidades de coordinación del deportista son muy diversas y específicas para cada modalidad deportiva. Sin embargo, se puede diferenciar por sus particularidades de manifestación, criterios de valoración y según los factores que las condicionan.

Basándose en los resultados de las investigaciones especiales (A.A. Guzhalovsky, 1986; A.A. Ter-Ovanesian, 1986; V.I. Liaj, 1989), se puede destacar los siguientes tipos independientes de las capacidades de coordinación:

– Capacidad de valorar y regular los parámetros dinámicos y de espacio-tiempo de los movimientos.
– Capacidad de mantener la postura estable (el equilibrio).
– Sentido del ritmo.
– Capacidad de la relajación libre de los músculos.
– Coordinación de los movimientos.

Todas las capacidades indicadas del deportista se manifiestan en una interacción compleja la actividad real de entrenamientos y competiciones. En las situaciones concretas, unas capacidades de coordinación desempeñan el papel dominante, otras, el papel adicional, pero es posible, al mismo tiempo, el cambio momentáneo de papel de diferentes capacidades en relación con los posibles cambios de las condiciones exteriores.

Sin embargo, no solamente las particularidades de la situación creada en un momento dado en la actividad de entrenamiento y la competitiva de los atletas predeterminan el papel dominante o adicional de los tipos de sus capacidades de coordinación.

Cada modalidad de atletismo presenta, por una parte, diferentes exigencias hacia las capacidades de coordinación de los deportistas en general y, por otra, predetermina la necesidad de una manifestación al límite de algunos de los tipos de las capacidades de coordinación. Por ejemplo, en el lanzamiento de martillo la importancia decisiva se da a las capacidades de conservación de estabilidad del equilibrio y sentido del ritmo.

Ahora examinaremos los factores básicos que determinan el nivel de desarrollo y manifestación de los diferentes tipos de las capacidades de coordinación de los atletas y también analizaremos los conceptos más importantes de la metodología de perfeccionamiento de estas capacidades.

Capacidad del deportista de valoración y regulación de los parámetros dinámicos y del espacio-tiempo de sus movimientos

Los mejores resultados los presentan los deportistas con buena percepción, o sea, los que poseen un alto nivel de posibilidades sensoriales y de percepción.

La capacidad del deportista de regulación de diversos parámetros de los movimientos se predetermina por la precisión de sus sensaciones y percepciones motoras que muchas veces están acompañadas por las percepciones visuales y auditivas.

Los deportistas de alto nivel poseen asombrosas capacidades en relación con la valoración y regulación finísimas de los parámetros dinámicos y del espacio y tiempo de los movimientos.

En base a la metodología de perfeccionamiento de la capacidad de valoración y regulación de los movimientos debe haber una selección de los medios de entrenamiento que asegure las altas exigencias de la precisión de los parámetros dinámicos y de espacio-tiempo de los movimientos.

Resulta eficaz el uso de los ejercicios con acento en la precisión de su ejecución según los parámetros de tiempo, esfuerzos, ritmo y espacio.

En la práctica de preparación de los atletas se usan ampliamente los ejercicios que presentan exigencias elevadas hacia la sensibilidad muscular a causa de la exclusión o limitación del control visual o auditivo de las acciones motoras.

Es conveniente realizar una influencia especial sobre uno de los analizadores para la formación forzada del sentido del ritmo. Con este fin, por ejemplo, en las carreras se utilizan especiales "ritmo-líderes" que ayudan a la formación del ritmo óptimo de los movimientos cíclicos del atleta.

El papel importante en el perfeccionamiento de las capacidades, basadas en la sensibilidad proprioceptiva se da a los ejercicios dirigidos al aumento de la claridad de percepciones musculares y motoras o sentidos del aparato, vallas, barras, etc. Por ejemplo, para aumentar "el sentido del aparato" se utilizan pesos y jabalinas de diferentes dimensiones y tamaños, pértigas de distintas larguras y propiedades elásticas (V.I. Liaj, 1989).

La amplia variación de diferentes características de las cargas (el carácter de los ejercicios, intensidad del trabajo, duración del trabajo, régimen del trabajo y descanso) en el proceso de ejecución de los ejercicios, se considera el elemento más importante en la metodología del aumento de las capacidades del atleta para la valoración y regulación de los parámetros dinámicos y de espacio-tiempo. Es necesario prestar especial atención a la aplicación de diferentes pesas en los ejercicios, dirigidos al aumento de las capacidades de coordinación del deportista.

Es necesario recordar que la información sensorial que llega del aparato articulatorio-muscular y que refleja adecuadamente las características dinámicas y cinemáticas de los movimientos está incluida en el sistema de dirección de los movimientos. La variación de las cargas, en especial, en el diapasón cercano al nivel máximo, activa el funcionamiento del sistema sensor, lleva a la disminución de los límites de la sensibilidad articulatorio-muscular y mejora la capacidad de diferenciar y analizar la señalización aferente. Con ello se asegura el perfeccionamiento de la síntesis sensorial, aumenta la precisión de la dosificación, exactitud de la corrección de los esfuerzos de trabajo y formación de una imagen racional de la acción motora.

El método eficaz utilizado para la formación de los imágenes de los movimientos, cuya existencia asevera, en grado importante, las posibilidades de coordinación de los deportistas, es la activación de las funciones de unos analizadores por medio de la exclusión artificial de otros analizadores (YU.V. Verkhoshansky, 1988). Por ejemplo, la exclusión del analizador visual (ejecución de los movimientos de coordinación difícil con ojos cerrados) eleva la función de la sensibilidad propioceptiva y ayuda al aumento de la eficacia de la dirección de los parámetros dinámicos y del espacio-tiempo de los movimientos.

Capacidad del deportista de mantener la estabilidad en la posición de equilibrio

El equilibrio, como capacidad de mantener la estabilidad de la posición, puede manifestarse en condiciones estáticas y dinámicas, con o sin apoyo.

Si analizamos la multitud de las acciones motoras de entrenamiento y competitivas en tales modalidades de atletismo, como lanzamientos, carreras y saltos, llegamos a la conclusión de que cada una de estas modalidades predetermina sus exigencias al equilibrio y necesita la correspondiente metodología de perfeccionamiento de esta capacidad.

Cuando se habla de los factores que aseguran la capacidad del deportista de mantener el equilibrio respecto a las particularidades de una concreta modalidad de atletismo, en todos los casos se constata la movilización conjunta de las posibilidades de los sistemas visual, auricular, vestibular y somato-sensorio. Naturalmente, la situación concreta de la actividad de entrenamiento o competitiva de los atletas, relacionada con el mantenimiento del equilibrio, establece como dominantes a unos u otros sistemas. Con más frecuencia éstos resultan ser el sistema somato-sensorio (ante todo, su componente propioceptivo) y el vestibular. Sin embargo, la exclusión de la visión en todos los casos está relacionada con la disminución de la capacidad del deportista de mantener el equilibrio.

Se han de destacar dos mecanismos de mantenimiento del equilibrio. El primero se manifiesta cuando el objetivo motor principal es el mantenimiento del equilibrio. En este caso, el mantenimiento de la postura es el resultado del mecanismo regulatorio que actúa en base a continuas correcciones. La eliminación de insignificantes alteraciones de equilibrio se realiza por medio de la tensión refleja de los músculos; cuando la eliminación de errores es considerable, se produce con un rápido traslado reflejo al lado de la superficie estable del apoyo. El segundo mecanismo se lleva a cabo cuando las reacciones de la postura están incluidas en el contenido del movimiento con difícil coordinación y cada una de estas reacciones lleva el carácter adelantado, en vez de reflejo y compone la parte del programa de la acción motora (N.A. Bernshtein, 1966; Yu.V. Verkhoshansky, 1988). Durante la realización de ambos mecanismos el papel principal pertenece al examen de los impulsos aferentes procedentes de los analizadores. En este caso, el papel principal lo desempeña el aparato propioceptivo de los músculos y ligamentos y la información adicional llega desde los analizadores muscular y vestibular.

Se puede presentar el sistema de mantenimiento del equilibrio como un conjunto de subsistemas que poseen una relativa autonomía. Cada subsistema intenta minimizar la interacción motora con otros subsistemas con el fin de tratar de efectuar movimientos económicos de energía y razonables desde el punto de vista de la biomecánica. Con esto, el sistema nerviosos central determina para los subsistemas solamente las reglas generales de interacción entre éstos. La cantidad de diferentes posiciones (posturas) que puede adoptar el deportista es tan grande que "examinar" todas las posibles posturas no solamente es inconveniente, sino también, es irrazonable. Así que el deportista realiza la selección de la variante necesaria por medio de la elección consecuente de todos los posibles movimientos en general y resuelve los objetos de formación de los movimientos y elaboración de nuevas combinaciones con métodos individualmente eficaces.

La capacidad del deportista de mantener la postura eficaz, conservar el equilibrio se estima también, por una serie de factores específicos que son característicos para diferentes tipos de atletismo.

Se ha de tener en cuenta que los mecanismos de regulación de la postura no cambian durante la influencia de los factores que pertenecen a un tipo. Por esto existe el traspaso positivo de la capacidad de mantener la estabilidad en condiciones similares (por ejemplo, el mantenimiento del equilibrio sobre una o dos piernas). Sin embargo, esto se refiere a los ejercicios parecidos según las características biomécanicas de los movimientos que los componen. Si las condiciones son diferentes, esta relación prácticamente no se revela.

El conocer todos los factores, indicados anteriormente con arreglo a la específica de la modalidad concreta de atletismo, ayuda al entrenador a componer el programa óptimo de perfeccionamiento de la capacidad del deportista de mantener el equilibrio. Dicho programa asegura no solamente buenas premisas de manifestación de esta capacidad en concreto desde el punto de vista de las posibilidades de los sistemas funcionales correspondientes, sino también, garantiza la completa realización de estas capacidades en diferentes condiciones de la actividad de entrenamiento y competitiva.

En el perfeccionamiento de las capacidades de coordinación de los atletas, al igual que en otros casos similares, se pueden destacar los cursos básicos y especial.

El curso básico presupone el uso de algunos, relativamente independientes, grupos de las acciones motoras:

– Mantenimiento del equilibrio sobre una pierna con diferentes posiciones y movimientos de los brazos, el tronco y de la pierna libre.
– Apoyo vertical sobre los brazos y sobre la cabeza con diferentes posiciones y movimientos de las piernas.
– Diversos giros bruscos, flexiones y rotaciones de la cabeza en posición de apoyo sobre una o dos piernas y con diferentes posiciones y movimientos de los brazos, tronco y de la pierna libre.
– Distintas rotaciones del tronco en apoyo sobre una o dos piernas.
– Diversos movimientos sobre el apoyo limitado (barra, cuerda, etc.).
– Ejecución de diferentes ejercicios deteniendo bruscamente los movimientos por una señal (manteniendo la postura programada) o cambio brusco de la dirección o del carácter de los movimientos.
– Ejecución de diversas acciones motoras con ojos cerrados (A.A. Ter-Ovanesian, I.A. Ter-Ovanesian, 1986).

El curso especial del perfeccionamiento de las capacidades de coordinación de los atletas está relacionado con el uso del más amplio círculo de ejercicios pertenecientes a una modalidad en concreto de atletismo que exigen el mantenimiento del equilibrio. En este caso, se han de variar ampliamente las condiciones exteriores: utilizar pesas, crear condiciones exteriores que contribuyen a romper el equilibrio, efectuar los ejercicios en estado de fatiga, etc.

El sentido del ritmo

El sentido del ritmo, como capacidad del deportista de reproducir exactamente y variar directamente los parámetros de velocidad-fuerza y espacio-tiempo de los movimientos, predetermina, en grado considerable, el nivel de logros en cualquiera modalidad de atletismo.

Un lugar especial ocupa este sentido en las modalidades de atletismo que se distinguen por la estructura especialmente difícil y previamente determinada de la actividad deportiva, en particular, en los saltos de longitud y lanzamientos. Precisamente aquí unas variaciones muy pequeñas del ritmo dado de movimientos que se manifiestan en los cambios de direcciones, velocidades, aceleraciones, exactitud de los esfuerzos aplicados, alteraciones de las tensiones y relajaciones de los músculos, etc. pueden influir considerablemente en la eficiencia de la actividad competitiva de los atletas.

La aseguración del carácter rítmico se condiciona, ante todo, por la eficacia de la actividad del sistema somato-sensorial (sensibilidad táctil y propioceptiva) en una estrecha relación con la actividad de los analizadores visual y auditivo.

La elección del contenido de los medios y métodos de perfeccionamiento de este tipo de capacidades de coordinación características para la modalidad concreta de atletismo se funda en lo específico del sentido del ritmo, es decir, en su relación orgánica con la técnica de ejecución, por el deportista, de los movimientos concretos.

Durante la selección de los ejercicios y la metodología de su aplicación es conveniente prestar la principal atención a la elaboración de la secuencia racional e interacción de diferentes elementos de los movimientos con toda la diversidad de sus características dinámicas y cinemáticas. En el proceso de entrenamiento la atención de los deportistas ha de ser acentuada no solamente en el traslado racional de diferentes partes del cuerpo, sino también, en la secuencia y el volumen de los esfuerzos desarrollados, sobre la alteración de la tensión de unos músculos y grupos musculares con la relajación de los otros.

En las etapas iniciales, el trabajo de perfeccionamiento del ritmo se ha de orientar sobre los ejercicios simples; en cuanto a las acciones motoras difíciles, hay que dividirlas en varios elementos. En este caso, la atención del deportista puede concentrarse tanto en la percepción conjunta, análisis y corrección de diferentes características de los movimientos (por ejemplo, dirección, velocidad, aceleración, secuencia y volumen de los esfuerzos desarrollados, etc.), como también, en el perfeccionamiento selectivo de algunos parámetros (por ejemplo, el paso a un rápido relajamiento de un grupo muscular después de su contracción precedente).

El uso de diferentes señales auditivas y luminosas que desempeñan el papel de "ritmo-líderes" ayuda al perfeccionamiento del sentido de ritmo. Éstas pueden ser señales simples (palmadas, etc.) o difíciles, por ejemplo, la programación auditiva de las carreras orientadas en la elaboración de una estructura óptima, desde el punto de vista biomecánico, de las acciones motoras principales.

Entre los atletas, la eficacia de formación del ritmo racional requiere una movilización activa de los procesos psíquicos. Aquí resulta eficaz el entrenamiento ideomotor que permite al deportista asimilar mejor el ritmo racional de los movimientos según los índices de dirección, velocidad, esfuerzos desarrollados, coordinación intermuscular, etc., por medio de la reproducción mental de las percepciones visuales, auditivas, táctiles y propioceptivas. En este caso, es necesario orientar al deportista para que efectúe una reproducción mental exacta de las características principales de las acciones motoras, y asimismo, una concentración de la atención sobre la ejecución de los elementos concretos más importantes del movimiento, su consecuencia racional e interacciones.

Capacidad del deportista de orientarse en el espacio

La capacidad del deportista de orientarse en el espacio se determina por su habilidad de valorar operativamente la situación creada referente a las condiciones del espacio y reaccionar a dicha situación con las acciones racionales que asegurarán una ejecución eficaz de los ejercicios de entrenamiento o de competición.

En base a la orientación racional en el espacio se halla la actividad compleja de diferentes analizadores que permite valorar las condiciones para la ejecución de las acciones concretas, llevar a cabo la selección de una decisión motora racional y asegurar su realización. El papel decisivo lo desempeñan aquí los sistemas visual y somato-sensorio. Además, (como indican N.V. Tszen, Yu.B. Pakhomov, 1985) se puede dividir a las personas en dos categorías según los métodos de orientación en el espacio: para unas personas la importancia decisiva la tienen los puntos de referencia visuales, para las otras, las reacciones propioceptivas. Durante la ejecución mental de la acción, las primeras se basan, en general, en las imágenes visuales y, las segundas, en la memoria motora y percepciones imaginadas de los movimientos.

Sin embargo, en el deporte de alto nivel, incluido el atletismo, los objetivos de una orientación eficaz en el espacio siempre son el resultado de la actividad conjunta de varios analizadores (en primer lugar, del analizador visual) y de la memoria motora (muscular), lo que asegura la valoración momentánea de la situación y realización de una acción motora válida.

Mucha importancia para el perfeccionamiento de la capacidad del deportista de orientarse en el espacio tiene el entrenamiento de la atención libre: capacidad de separar de diversos excitadores a los que son, precisamente, los más importantes para la orientación en una situación concreta.

La capacidad de mantener en el campo de visión la cantidad máxima de los excitadores, se determina, en grado considerable, por el volumen de la atención, es decir, por la amplitud de su englobamiento simultáneo. Es importante, asimismo, la capacidad de cambiar rápidamente la atención de un excitador hacia el otro, variar el volumen de la atención, lo que refleja su movilidad.

Cuando se plantea el objetivo de concentrar la atención sobre los excitadores más sustanciales, es indispensable recordar que existen dos tipos de concentración de la atención: la tensa y la relajada.

La concentración tensa está relacionada con la atención en caso de un esfuerzo psíquico gradual, acompañado con frecuencia por las alteraciones de respiración y tensiones de los músculos mímicos. Este tipo de concentración es característico para los deportistas de bajo nivel o para los que no trabajan especialmente el perfeccionamiento de la atención.

Al contrario, la concentración relajada está relacionada con un comportamiento tranquilo, enajenación relajada de los excitadores ajenos, expresión de cara natural y calmada, atención suave y estable. Precisamente, este tipo de concentración de la atención ayuda a que las señales de los analizadores lleguen con más facilidad a la conciencia, se analicen y se realicen con más rapidez en las acciones motoras eficientes (N.V. Tszen, Yu.V. Pakhomov, 1985).

El volumen de la atención, su movilidad y concentración pueden ser considerablemente ampliados tanto por medio de los ejercicios psicológicos, como también, en el transcurso de la diversa actividad de entrenamiento y competición del deportista. Se ha de tener en consideración que tanto más alto es el nivel de la preparación técnica y táctica del deportista, su experiencia de competición, comprensión de sus rivales, capacidad de regular el estado psíquico y relajar los músculos que no participan en el trabajo, más eficaz resulta la atención y más alta es la capacidad de la orientación racional en el espacio.

En base a la metodología del perfeccionamiento de las capacidades de coordinación de los atletas debe estar la ejecución de las tareas en las condiciones con dificultad aumentada. Con este fin los ejercicios se efectúan con un déficit de espacio y tiempo, con una deficiente o sobrada información, etc. Resultan productivas las carreras por el campo a través, esquí de montaña, diferentes ejercicios compuestos de carreras con obstáculos (vallas, barras, etc.).

Resultan fructíferos también los diversos ejercicios para lograr una determinada actividad motora: recorrer una cierta distancia con ojos cerrados; hacer saltos efectuando giros con la cantidad de los grados establecidos previamente; realizar los ejercicios en los aparatos isocinéticos con esfuerzos programados junto con el control operativo sobre los resultados, etc.

La capacidad del deportista de relajar libremente los músculos

La relajación libre de los músculos es uno de los más importantes factores que aseguran la ejecución eficaz de los ejercicios de entrenamiento y competitivos, característicos para cualquier modalidad deportiva, incluido el atletismo. En este caso, distintos músculos y grupos musculares efectúan diversas funciones. Unos aseguran la ejecución de los movimientos y superación de la resistencia por medio de la tensión libre. La actividad de otros músculos está dirigida al mantenimiento de la estabilidad de la postura. Los músculos que no participan en el trabajo están relajados, lo que crea las condiciones para la ejecución de los ejercicios económico y libremente y con gran amplitud de los movimientos.

Durante la ejecución de diferentes ejercicios se nota el cambio continuo de tensión y relajación de diferentes músculos y grupos musculares, alteración rápida de dificilísimas composiciones de los regímenes de la actividad de diferentes músculos.

La tensión excesiva de los músculos que no participan en el trabajo y deben estar relajados puede ser provocada por los siguientes factores:

1. Factores biomecánicos que son el resultado del surgimiento de las fuerzas reactivas durante la ejecución, con gran amplitud y velocidad, de las acciones motoras difíciles en el aspecto de coordinación.
2. Factores fisiológicos que se manifiestan en la tensión involuntaria de los músculos como consecuencia de la irradiación de la excitación en el sistema central nervioso.
3. Factores psicológico-pedagógicos, que se muestran en la restricción de los movimientos como consecuencia de la dificultad de la tarea (tensión coordinativa), excitación emocional, en particular, el deseo de efectuar el movimiento con la movilización máxima de las capacidades funcionales (tensión efectiva) o debilidad de los músculos que soportan la carga, cuando el deportista intenta compensar involuntariamente esta deficiencia de la tensión de los músculos que no participan en la ejecución del movimiento dado.
4. Condiciones del ambiente en el que se efectúan las acciones motoras (A.A. Ter-Ovanesian, I.A. Ter-Ovanesian, 1986).

La fatiga es una de las causas considerables de creación de la tensión excesiva de los músculos. Incluso en las fases en las cuales ésta presenta una fatiga oculta, pero el deportista mantiene el estado de la capacidad de trabajo alta, la actividad bioeléctrica de los músculos que no participan en la ejecución del ejercicio crece gradualmente, lo que se refleja una reacción de las compensaciones de disminución de las posibilidades funcionales de los músculos que llevan la carga principal. Cuando el cansancio se manifiesta claramente, esta reacción se hace todavía más evidente, el deportista con frecuencia pierde la capacidad de una eficiente relajación libre de los músculos, lo que influye brusca y negativamente sobre la forma y estructura de los movimientos.

La tensión creciente de los músculos redunda sobre la actividad de entrenamiento y competición en diferentes modalidades del atletismo, disminuye considerablemente la coordinación de los movimientos del deportista, restringe su amplitud, limita la manifestación de las cualidades de velocidad y fuerza, lleva a los desgastes energéticas inútiles, aminorando, de este modo, la economía del trabajo y la resistencia.

Para perfeccionar la capacidad de relajación libre de los músculos es necesario utilizar diferentes ejercicios especiales que exigen cualquier relajación de los músculos, alteraciones de su tensión y relajación y regulación de la tensión. En particular, resultan eficaces los diversos ejercicios que necesitan un paso brusco o gradual de la tensión de los músculos a su relajación; los ejercicios en los que la fuerte tensión de unos músculos está acompañada por la relajación máxima de los otros (por ejemplo, la tensión máxima de los músculos del brazo derecho con la relajación completa del izquierdo; tensión de los músculos del cinturón humeral, relajación de los músculos de la cara, etc.); los ejercicios en los que se precisa mantener el movimiento de inercia de la parte corporal relajada por medio de los movimientos de otras partes del cuerpo (por ejemplo, los balanceos con la pierna libre, movimientos circulares con los brazos relajados). La alternación eficiente de las tensiones isométricas (1-3 seg) con la posterior relajación completa contribuye al perfeccionamiento de la capacidad de relajar los músculos.

En el sistema de preparación deportiva, están ampliamente divulgados los ejercicios, durante la ejecución de los cuales el deportista introduce los elementos de la relajación activa de los músculos que no participan en el trabajo principal (por ejemplo, durante una carrera de larga distancia elevar los brazos, agitarlos y lanzarlos abajo completamente relajados). También se puede nombrar como ejercicios eficaces la ejecución de los movimientos de inercia después de alcanzar la velocidad máxima en las carreras, y la más rápida posible relajación de los músculos después de finalizar un movimiento que necesita considerables esfuerzos, por ejemplo, después del lanzamiento de una pelota medicinal o pesa desde diferentes posiciones iniciales (B.I. Liaj, 1989).

Los correspondientes medios metodológicos ayudan al aumento de la eficacia de los ejercicios dirigidos al crecimiento de la capacidad del deportista de relajar libremente los músculos. Son los siguientes:

- La formación de una directriz de necesidad de relajar los músculos, paso rápido de la tensión hacia la relajación.
- La máxima posible diversidad de la metodología de ejecución de los ejercicios, es decir, la realización del trabajo dentro de un gran diapasón de intensidad, el cambio brusco de la intensidad de trabajo, el uso de los ejercicios de distinta duración.
- La ejecución de los ejercicios con el acento hacia la relajación de los músculos en diferentes estados funcionales (estado estable, cansancio compensado, fatiga claramente manifestada, etc.).

– Control permanente sobre la relajación de los músculos de la cara, lo que ayuda a la disminución de la tensión general de los músculos.

Al número de los más importantes factores, que aseguran la capacidad del deportista de una fructuosa relajación libre de los músculos, pertenece la eficacia de la regulación psíquica del trabajo muscular, tolerancia del estrés emocional y tensión psíquica óptima durante las clases.

Enseñar al deportista la libre tensión y relajación de los músculos ayuda al perfeccionamiento de la regulación psíquica del trabajo de los músculos en todo el diapasón de su actividad: de la tensión máxima hasta la completa relajación. Crece gradualmente la capacidad del deportista de diferenciar con precisión los esfuerzos de los grupos musculares durante la ejecución de diferentes ejercicios y variar ampliamente su actividad. El control motor y mental permanentes de los volúmenes de los esfuerzos desarrollados conduce al deportista a memorizar las sensaciones que se asocian con el diferente grado de la actividad de los músculos, incluso hasta su completa relajación.

Hay que recordar que los ejercicios que el deportista efectúa en estado de baja tensión psíquica contribuyen al aumento de la capacidad de relajación eficaz de los músculos. A ello conlleva la ejecución de los ejercicios bien asimilados que no necesitan importantes esfuerzos psíquicos.

Si son ejercicios efectuados junto con un compañero, sus acciones deben ser interdependientes, se ha de evitar, también, acciones imprevistas.

Resulta favorable el trabajo individual con el fin de mejorar la técnica efectuada bajo el control visual del deportista que deberá usar espejos, vídeograbación, etc.

Sin embargo, se ha tener en consideración que en muchos casos el deportista tiene que manifestar su capacidad de relajación eficaz de los músculos en condiciones de estrés emocional que acompaña su actividad competitiva. A consecuencia de ello, durante el entrenamiento de los deportistas-atletas cualificados, los ejercicios con el acento sobre la relajación muscular deben ser efectuados en condiciones difíciles, por ejemplo, con presencia de varios factores que alteran el estado del atleta o en caso de ser limitado el espacio y tiempo (limitación del tiempo para efectuar acciones determinadas, ejecución de los ejercicios en las pistas disminuidas, etc.), ejecución de los ejercicios en el estado de cansancio del deportista, aplicación del método de competición, etc.

Los entrenamientos mental y autógeno también pueden ser aplicados en calidad de los medios eficaces de psicorregulación.

El uso del entrenamiento mental permite al deportista reproducir mentalmente varias veces sus sensaciones musculares que corresponden a diferentes grados de tensión de los músculos y a su completa relajación. Esta reproducción mental de las acciones efectuadas con el régimen racional de tensión y relajación de los músculos en base a la información visual y cinética fomenta la formación del régimen óptimo de la actividad muscular en una estricta correspondencia de éste con las estructuras dinámicas, de espacio-tiempo y rítmica de las acciones motoras.

Tratándose del sistema de entrenamiento autógeno, en la práctica se utilizan ampliamente las formulas de autosugestión que ayudan al perfeccionamiento de la regulación muscular. Estas fórmulas orientadas tanto a la relajación de todos los grupos musculares, como también a la relajación de algunos músculos o grupos musculares que llevan la carga principal en una modalidad concreta del atletismo, resultan muy útiles durante la preparación de los deportistas de alto nivel. Es de especial eficacia el siguiente sistema metodológico: la orden de la relajación completa de los músculos sigue inmediatamente después de la tensión forzada de los músculos cuando se efectúa una imitación de las acciones técnicas básicas de una concreta modalidad deportiva.

COORDINACIÓN DE LOS MOVIMIENTOS

La coordinación de los movimientos como capacidad del deportista de manifestar y transformar racionalmente, en base a las habilidades y los hábitos acumulados, sus acciones motoras efectuadas en condiciones concretas, tiene mucha importancia en el logro de altos resultados en las modalidades de atletismo de coordinación difícil, donde se crea constantemente la necesidad de cambio rápido de las acciones motoras manteniendo su interacción y secuencias adecuadas.

Asimismo, la coordinación resulta ser, con frecuencia, un factor importante de éxito en las modalidades cíclicas de atletismo.

El alto nivel de coordinación de los corredores de distancias medianas permite a los deportistas transformar momentáneamente la estructura de los movimientos con el fin de resolver unas u otras tareas tácticas.

En base a la metodología del perfeccionamiento de la coordinación de los movimientos del atleta está el perfeccionamiento técnico muy variado del deportista basado en el amplio uso de ejercicios de preparación general, auxiliares, de preparación especial y de competición. Es importante, que durante el entrenamiento técnico, el perfeccionamiento esté estrechamente relacionado con la necesidad de resolver tareas tácticas concretas y con el desarrollo de diferentes cualidades motoras.

La coordinación de los movimientos de los atletas está muy vinculado con otros componentes de las capacidades de coordinación, en primer lugar, con la capacidad de valorar y regular los parámetros dinámicos y de espacio-tiempo de los movimientos. El alto nivel de estas capacidades ocasiona una influencia positiva sobre el aumento de la coordinación de todos los tipos de las capacidades de coordinación.

Existe una opinión (A.A. Ter-Ovanesian, I.A. Ter-Ovanesian, 1986) que el perfeccionamiento de la coordinación debe ser realizado en condiciones de ausencia de la fatiga, cuando el deportista es capaz de controlar mejor su actividad motora.

Sin embargo, estas recomendaciones resultan vigentes solamente en lo que afecta a la preparación de los deportistas jóvenes y durante la preparación en las etapas iniciales del perfeccionamiento deportivo. En lo referente a los deportistas de alta categoría, para ellos la metodología debe prever la ejecución de los ejercicios de alta coordinación en diferentes estados funcionales (de un estado estable hasta las manifestaciones más evidentes de una clara fatiga) y en diferentes condiciones de ambiente exterior: de las de confort, hasta las exclusivamente complejas.

Conceptos básicos de metodología y medios principales de aumento de las capacidades de coordinación

En condiciones reales de la actividad de entrenamiento y competición de los atletas, los diferentes tipos de las capacidades de coordinación normalmente se manifiestan en una estrecha interacción tanto unas con las otras, como también, con las demás cualidades motoras (las capacidades de velocidad, de fuerza, resistencia y flexibilidad), asimismo con diferentes aspectos de preparación de los deportistas: técnica, táctica y psíquica.

Como consecuencia de ello, si el desarrollo de diferentes cualidades físicas de los atletas, perfeccionamiento de la técnica, táctica o de la preparación psíquica se realizan por medio del uso de los ejercicios con mayor o menor grado de dificultad de coordinación, entonces paralelamente se está realizando también el perfeccionamiento de diferentes tipos de las capacidades de coordinación. En su lugar, el perfeccionamiento, por ejemplo, de la capacidad de relajación libre de los músculos ayuda directa o indirectamente al aumento de la economía de trabajo y de la resistencia, al perfeccionamiento de la técnica deportiva, en cuanto el trabajo encaminado a mejorar la coordinación de los movimientos y capacidad de orientarse en el espacio amplía el arsenal técnico y táctico del deportista, etc.

Los elementos básicos de las metodologías particulares del perfeccionamiento predominante de diferentes tipos de las capacidades de coordinación han sido examinados en los anteriores capítulos. Así que, más adelante, están presentados algunos aspectos de la metodología y se describen los ejercicios eficaces de desarrollo general que contribuyen a la manifestación y perfeccionamiento de diferentes tipos de capacidades de coordinación; asimismo, están presentes los ejercicios de carácter combinado utilizados en diferentes modalidades de atletismo (las de velocidad-fuerza, cíclicas y de coordinación compleja).

La aplicación del entrenamiento ideomotor ayuda al perfeccionamiento de las capacidades de coordinación. Dicho tipo de entrenamiento permite al deportista, por medio de la reproducción mental de las imágenes visuales y musculares-motoras, asimilar mejor las variantes técnico-tácticas racionales de la ejecución de los movimientos y el régimen óptimo de trabajo del aparato muscular.

La realización práctica del entrenamiento ideomotor necesita cumplir con los medios metodológicos que deben estar constantemente presentes para el entrenador y deportista. En primer lugar, la reproducción mental de los movimientos debe realizarse en una precisa concordancia con las características técnicas de las acciones. En segundo lugar, es necesario concentrar la atención sobre la ejecución de los elementos concretos de las acciones. Además, en el proceso del entrenamiento ideomotor durante la creación de las imágenes de los movimientos, los deportistas de mediana categoría deben con más frecuencia prestar atención a los parámetros más generales, es decir, a las posiciones y trayectorias principales, ritmo de los movimientos, etc. Con el aumento de nivel del deportista y la precisión de las percepciones visuales y musculares-motoras, el entrenamiento ideomotor debe estar dirigido, sobre todo, al perfeccionamiento de las percepciones de los componentes más finos de las acciones técnico-tácticas, ritmo del movimiento, coordinación de la actividad de diferentes grupos musculares, etc.

Una parte importante del entrenamiento ideomotor es la regulación psíquica de la coordinación intermuscular que se manifiesta en la formación del régimen del trabajo tanto de los músculos que aseguran la ejecución de los principales ejercicios, como también, de sus músculos antagonistas. La capacidad de sincronizar la tensión de los músculos en el trabajo y relajar lo máximo posible los músculos antagonistas son un índice importante de la maestría deportiva. La habilidad de concentrar la atención sobre la actividad voluminosa de unos grupos musculares durante la relajación máxima de los otros requiere al deportista un constante y perseverante entrenamiento ideomotor. Para resolver estos objetivos resulta de suma eficacia la enseñanza de una completa y máxima posible relajación libre de los músculos y posteriormente, de la capacidad de concentración de las tensiones de los grupos musculares que aseguran la realización eficiente del movimiento.

Durante la planificación del trabajo que fomenta el aumento de las capacidades de coordinación se han de tener en consideración tales componentes de la carga como la dificultad de los movimientos, intensidad del trabajo, duración de un ejercicio (una tarea), cantidad de repeticiones de un ejercicio (una tarea) y duración y carácter de las pausas entre los ejercicios (tareas).

La dificultad de los ejercicios. Durante el perfeccionamiento de las capacidades de coordinación de los atletas se emplean los ejercicios de diferente grado de dificultad: desde los relativamente simples que estimulan el funcionamiento de los analizadores y del aparato neuromuscular y que preparan al organismo para unos movimientos más difíciles, hasta los ejercicios complicadísimos que necesitan una completa movilización de las capacidades funcionales del deportista.

El proceso de perfeccionamiento de diferentes tipos de las capacidades de coordinación se lleva a cabo con más eficacia cuando la dificultad de los movimientos oscila en un diapasón de 75-90% del nivel máximo, es decir, de aquel nivel excesivamente elevado a partir del cual el deportista ya no puede cumplir con la tarea (por ejemplo, mantener el sentido del ritmo, orientarse en el espacio, etc.). Entonces los movimientos se efectúan con tal grado de dificultad que presentan a los sistemas funcionales del organismo unas exigencias bastante elevadas que estimulan las reacciones de adaptación formando, de este modo, una base para el crecimiento de las capacidades de coordinación, pero, al mismo tiempo, sin llevar a un cansancio rápido de los analizadores y a la disminución de las capacidades del deportista del trabajo productivo. Como consecuencia, se asegura el cumplimiento de un volumen total del trabajo bastante importante y óptimo para que ayude al perfeccionamiento de las capacidades de coordinación.

Las tareas con la dificultad de coordinación relativamente baja (40-60% del nivel máximo) y mediana (60-70% del nivel máximo) resultan bastante eficientes para la preparación de los jóvenes deportistas. Entre los deportistas de alta cualificación, el trabajo de similar magnitud puede encontrar una aplicación al principio del año de entrenamiento, asimismo, durante el calentamiento para las clases con cargas insignificativas de carácter recuperatorio.

Un lugar importante en el sistema de la preparación de los deportistas de alta categoría lo ocupan las clases de dificultad cercana de la máxima (90-95% del nivel máximo) y dificultad límite. Sin embargo, el volumen de este trabajo debe ser relativamente pequeño: 10-15% de la magnitud general del trabajo de entrenamiento que ayuda al crecimiento de las capacidades de coordinación. En este caso, la mitad de este trabajo se manifiesta con la ejecución de los ejercicios de preparación especial y la otra mitad se compone de los ejercicios competitivos efectuados en condiciones de competiciones de diferente nivel.

Dentro del volumen general de trabajo que estimula la manifestación y el desarrollo de las capacidades de coordinación de los atletas de alta categoría, la relación aproximada de las tareas de diferente grado de dificultad puede ser mostrado de la siguiente manera: 5-10% de tareas de baja dificultad, 30-40% de las tareas de dificultad mediana, 40-50% de la dificultad alta y 10-15% de las tareas de dificultad límite y cercana a éste.

Intensidad de trabajo. La orientación dominante de las tareas al perfeccionamiento de un tipo determinado de las capacidades de coordinación de los atletas o a su perfeccionamiento conjunto y, también, la etapa de perfeccionamiento de estas capacidades en aplicación a los movimientos o situaciones concretas, aseguran la ejecución de los ejercicios con distinta intensidad.

Sin embargo, existe una tendencia general en relación con los más diversos ejercicios y tareas que contribuyen al crecimiento de las capacidades de coordinación: el uso de una baja intensidad durante las etapas iniciales del perfeccionamiento de una determinada cualidad aplicándolo a unas concretas acciones motoras, el aumento gradual de la intensidad a la medida de la ampliación de las posibilidades técnico-tácticas del deportista y, finalmente, el uso de la intensidad límite y cercana al límite, cuando se trata del perfeccionamiento de las posibilidades de coordinación en una relación directa con el logro de altos resultados en la actividad competitiva.

Hay que recordar siempre que, entre los atletas de alta categoría, el proceso de perfeccionamiento de las capacidades de coordinación siempre lleva un curso específico, es decir, este proceso está estrechamente unido con la resolución de los objetivos del perfeccionamiento técnico-táctico y con el desarrollo de la capacidad y resistencia de velocidad-fuerza en condiciones de estar aplicadas cargas específicas de entrenamiento y competitivas. A consecuencia de ello, la intensidad del trabajo durante el perfeccionamiento de las capacidades de coordinación del deportista se determina, en un grado considerable, por la necesidad de una resolución compleja de los objetivos de su preparación especial en una modalidad concreta de atletismo.

Si entre los deportistas jóvenes la capacidad de relajación libre de los músculos se perfecciona de la mejor manera en condiciones de ejecución de movimientos simples, efectuados sin tensiones, con una duradera concentración de la atención sobre la relajación de unos u otros grupos musculares, etc., entonces entre los deportistas de alta categoría el trabajo se organiza de distinto modo. Por ejemplo, durante la preparación de los lanzadores de alta categoría, el objetivo de relajar los músculos que no participan en el trabajo se realiza, ante todo, durante la ejecución de los ejercicios primordiales de preparación especial, y también, de los ejercicios competitivos efectuados con intensidad límite o cercana a ésta.

Duración de un ejercicio (una tarea)

En el proceso de perfeccionamiento de las capacidades de coordinación de los atletas, la duración del trabajo ininterrumpible en un ejercicio (una serie de repeticiones del mismo movimiento) o una tarea (ejecución continua de diferentes movimientos relacionados entre sí) oscila dentro de un amplio diapasón, lo que se determina por el objetivo planteado ante el deportista en cada caso concreto. Si la composición de las acciones motoras y la intensidad del trabajo pueden ser estrictamente determinadas (por ejemplo, la carrera con obstáculos de corta distancia, saltos con giros con una determinada cantidad de grados de rotación, etc., entonces la duración del trabajo continuo puede ser establecida muy concretamente y como regla consta de 10-200 segundos. Durante este tiempo, se asegura el control de alta eficacia de la calidad del trabajo y regulación racional de la actividad muscular, dado que el trabajo no se finaliza hasta el inicio de la fatiga. Con bastante precesión puede ser planeada la duración del trabajo durante la ejecución de los ejercicios de preparación especial y los competitivos en las modalidades de atletismo de velocidad-fuerza y cíclicas, en las que la composición de las acciones y su duración pueden ser estructuradas previamente. La duración del trabajo ininterrumpible, en este caso, puede variar de unas décimas de segundos o unos segundos (por ejemplo, el lanzamiento del martillo, salida en una carrera, etc.) hasta unos minutos (recorrido de una distancia determinada controlando el ritmo, tiempo y esfuerzos desarrollados).

La duración del trabajo depende también del objetivo planteado ante el deportista. Si el ejercicio debe ayudar a la asimilación de un movimiento de coordinación difícil, la duración del mismo, que se condiciona por la necesidad del trabajo en el estado estable, no es duradera. Por otra parte, cuando se desarrolla la capacidad de manifestar el alto nivel de las capacidades de coordinación en condiciones de fatiga característica para la actividad de competición, la duración del trabajo puede ser aumentada considerablemente.

Cantidad de repeticiones de un ejercicio (una tarea)

El perfeccionamiento de las capacidades de coordinación de los atletas está relacionado con el uso de una variedad infinita de las acciones motoras realizadas en condiciones de trabajo de distinta duración e intensidad. Algunas de estas acciones pueden ser reproducidas varias veces; en cuanto a las otras, son el resultado de reacción contra una situación imprevista y resultan imposibles para su repetición exacta. Todos estos factores no pueden no ser reflejados en la cantidad de repeticiones de un ejercicio o una tarea.

Durante un trabajo de duración breve en cada ejercicio (hasta 5 seg) la cantidad de repeticiones puede ser considerablemente grande: de 6 hasta 10-12. En caso de realización de tareas más duraderas, la cantidad de repeticiones se disminuye proporcionalmente y no supera a 2-3, posiblemente. En este caso, se logra mantener una alta actividad de los alumnos y su interés hacia una tarea concreta y simultáneamente asegurar una influencia total bastante importante sobre los sistemas funcionales del organismo de los deportistas y sobre los mecanismos que llevan la carga principal durante la manifestación de un tipo concreto de las capacidades de coordinación.

Si se crea la necesidad de perfeccionar las capacidades de coordinación en condiciones de fatiga, la cantidad de repeticiones de los ejercicios normalmente crece sustancialmente: de 12-15 durante la ejecución de ejercicios breves y 4-6 y más durante la ejecución de las tareas más duraderas. La cantidad de repeticiones se determina también por el programa del entrenamiento y sus objetivos concretos. En caso de perfeccionamiento complejo de diferentes tipos de las capacidades de coordinación (lo que necesita el uso de un gran número de diferentes ejercicios), la cantidad de repeticiones de cada ejercicio normalmente no es importante (hasta 2-3). Cuando se realiza el perfeccionamiento profundizado de uno de los tipos de capacidades de coordinación con arreglo a un concreto objetivo motor, la cantidad de repeticiones de los ejercicios puede ser aumentada unas 3-5 veces.

La duración y el carácter de las pausas entre los ejercicios

Normalmente, las pausas entre los ejercicios son bastante grandes: de un minuto hasta 2-3, y deben asegurar la recuperación de la capacidad de trabajo y también la orientación psíquica de los alumnos sobre la ejecución eficiente de la tarea. En algunos casos, cuando se plantea el objetivo de ejecución del trabajo en condiciones de fatiga, las pausas pueden ser reducidas considerablemente (a veces, hasta 10-15 seg), lo que asegura la ejecución del trabajo en condiciones de fatiga progresiva.

Según su carácter, el descanso entre los ejercicios puede ser activo o pasivo. En el caso del descanso activo, las pausas se llenan con un trabajo de baja intensidad que ayuda a la relajación y estiramiento de los músculos.

A veces, durante las pausas del descanso se aplican el masaje y automasaje, acciones ideomotoras y autogénicas.

El control de las capacidades de coordinación del deportista

El control de las capacidades de coordinación del deportista se realiza en estrecha relación con la valoración de otras cualidades físicas y de la preparación técnica del deportista y está dirigido a conseguir una valoración íntegra de diferentes manifestaciones de coordinación, y también, a la estipulación relativamente aislada de las capacidades de valoración y regulación de los parámetros de espacio-tiempo de los movimientos y mantenimiento de una postura estable (equilibrio), sentido del ritmo, capacidades de relajar libremente los músculos, coordinación de los movimientos, etc.

Durante la valoración de las capacidades de coordinación de los atletas se orienta sobre dos tipos de movimientos:

– Los movimientos similares que incluyen la ejecución de los ejercicios conocidos previamente; en este caso, se valora la correspondencia de la técnica que demuestra el deportista, sus estructura racional, estabilidad de hábitos en presencia de factores de alteración, variedad de los hábitos, etc.

– Los movimientos no similares relacionados con la eficiencia de su ejecución en situaciones difíciles y variadas; en este caso, se valora la precesión de las reacciones motoras, racionalidad de cada movimiento y de sus combinaciones.

Durante la organización del control del desarrollo de las capacidades de coordinación de los atletas es necesario tener en consideración que no existe un criterio unificado para la valoración de una cualidad dada. Esto está relacionado con la estructura variada de las capacidades de coordinación, y también, que éstos se manifiestan como un conjunto con otras cualidades y capacidades del deportista.

El control de desarrollo de las capacidades de coordinación se realiza, como norma, según los datos de los tests, cuyos resultados exigen al deportista, aparte de la manifestación de determinadas cualidades físicas y realización de los hábitos motores eficaces, el manifiesto de un alto nivel de las capacidades de coordinación. Por esto se puede valorar el nivel de desarrollo de esta cualidad del deportista por los índices de la economía del trabajo durante la ejecución de diferentes tareas, por el grado de correspondencia de las tareas a los resultados de ejecución de los ejercicios de coordinación difícil, etc.

La valoración íntegra de las capacidades de coordinación del deportista puede ser realizada como sigue: según el tiempo que él necesita para la asimilación de acciones motoras difíciles; según el tiempo desde el momento de cambio de la situación de entrenamiento o competición hasta el inicio de una acción motora resultativa; según el nivel de los resultados conseguidos y la composición racional de las acciones motoras durante la resolución de objetivos de dificultad de coordinación elevada, etc.

Para una valoración íntegra de las capacidades de los atletas se plantea, con frecuencia, la ejecución de un número determinado de ejercicios en un estricto orden. El tiempo total gastado por el deportista para la ejecución de todas las acciones motoras sirve como medida de las capacidades de coordinación, ya que este índice abarca los reflejos de rapidez, racionalidad y selección de los movimientos y el sentido de ritmo, muestra la capacidad de orientarse en situaciones difíciles, posibilidad de dirigir características dinámicas y cinemáticas de los movimientos, mantener la estabilidad de equilibrio, etc.

Durante una valoración íntegra de las capacidades de coordinación específicas, la realización de este principio prevé la elaboración del programa de las acciones motoras específicas con la dificultad de coordinación elevada.

Ahora comenzamos el estudio de la metodología del control de los tipos de las capacidades de coordinación. Está claro que las pruebas recomendadas están relacionadas con el papel dominante del tipo concreto de las capacidades de coordinación del deportista dentro de una unión de factores que determinan el resultado de una actividad concreta.

La base de la metodología del control de la capacidad de valoración y regulación de los parámetros dinámicos y de espacio-tiempo de los movimientos debe fundarse sobre los tests, cuyos programas aseguran el aumento de las exigencias del funcionamiento de los analizadores en relación con la precesión de los parámetros dinámicos y de espacio-tiempo de los movimientos.

Esta claro, que en el deporte de alto nivel, incluido el atletismo, el papel principal pertenece a los movimientos específicos, durante la ejecución de los cuales se puede valorar el sentido del ritmo, tiempo, los volúmenes de los esfuerzos desarrollados y las características del espacio de diferentes movimientos específicos. Además, los tests deben llevar un carácter estrictamente selectivo con acento sobre la valoración del ritmo de los movimientos, tiempo de ejecución por el deportista de las acciones motoras, la precisión de sus movimientos, los volúmenes de los esfuerzos desarrollados, etc. El aumento de la dificultad de las pruebas puede ser realizado por medio de limitación o exclusión del control visual o auditivo de las acciones motoras.

Para el control de la capacidad de mantenimiento de la estabilidad de la postura (equilibrio) deben ser utilizados los índices que permiten valorar la duración del mantenimiento del equilibrio dentro de diferentes y relativamente independientes grupos de acciones. En particular, se ha de registrar:

– El tiempo de mantenimiento de equilibrio sobre una pierna con diferentes posiciones de brazos, tronco y pierna libre.
– El tiempo de mantenimiento del equilibrio en el apoyo vertical invertido sobre dos brazos o uno, sobre la cabeza, con diferentes posiciones de las piernas y el brazo libre, etc.
– El tiempo de mantenimiento del equilibrio en posición de pie sobre un apoyo limitado o moviéndose sobre el mismo con distinta velocidad.

Durante el control del sentido de ritmo como capacidad de reproducir exactamente y cambiar directamente los parámetros de velocidad-fuerza y de espacio-tiempo de los movimientos, se ha de orientar, en primer lugar, sobre diferentes métodos biomecánicos. El registro del traslado del centro de gravedad, traslados angulares en las articulaciones, velocidad y ángulo de salida del centro de gravedad durante los saltos, duración de las fases de apoyo y de vuelo en las carreras, etc., permite valorar la capacidad de una reproducción precisa por el deportista de los parámetros dinámicos y cinemáticos de los movimientos.

Durante la realización del control del sentido del ritmo es muy importante no solamente establecer la seguridad de la reproducción por el deportista de los parámetros dinámicos y cinemáticos de los movimientos durante su ejecución múltiple en unas condiciones estándar, sino también, en condiciones transitorias a un ritmo de actividad más o menos intensivo.

En base a los métodos de control de las capacidades del deportista de orientarse en el espacio, deben estar las tareas motoras que necesitan la valoración operativa de la situación creada y reacciones sobre la misma con acciones racionales. Por ejemplo, en las carreras esto puede ser la superación de una distancia determinada con ojos cerrados en línea recta o siguiendo el trayecto limitado por unos puntos de referencia.

También pueden ser ampliamente utilizados los ejercicios con los aparatos isocinéticos de fuerza con esfuerzos estrictamente establecidos y el control operativo de los resultados, saltos con rotación de un número determinado de grados, etc. Resultan productivas las tareas relacionadas con la necesidad de ejecución de unas acciones motoras (por ejemplo, recorrer una distancia fija) en un tiempo señalado.

Componiendo los programas de los tests para la valoración de la capacidad del deportista de orientarse en el espacio, se ha de recordar que las tareas deben ser llevadas a cabo en condiciones de dificultad creciente: con un déficit o limitación del tiempo y espacio, información sobrante o escasa, etc. Sin embargo, en todos los casos, las tareas deben corresponder a la preparación técnico-táctica del deportista, basarse en su memoria motora y estar dentro del diapasón de las capacidades de sus analizadores y aparato neuromuscular.

Para valorar la capacidad del deportista de relajar los músculos resulta muy eficiente el método de registro de la potencia biológica de los mismos. El índice más preciso es el tiempo latente de la relajación de los músculos después de su tensión que refleja objetivamente la capacidad del cambio rápido de los músculos de tensión a relajación.

El control de la coordinación de los movimientos como capacidad del deportista de la manifestación racional y transformación de las acciones motoras en condiciones concretas sobre la base de los hábitos y habilidades motoras acumulados, tiene especial importancia para el aumento de la calidad del proceso de preparación en las modalidades de atletismo de coordinación difícil, donde se crea constantemente la necesidad del cambio rápido de las acciones motoras manteniendo su alta eficacia.

Sin embargo, en las modalidades cíclicas de atletismo también es necesario valorar la coordinación como la capacidad del deportista de corrección considerable de las características dinámicas y cinemáticas de sus movimientos en respuesta a una fatiga creciente.

En base al control de la coordinación de los atletas, deben realizarse diferentes tareas difíciles de coordinación, y creadas inesperadamente que necesiten una reacción y valoración rápidas de la estructura racional de los movimientos para lograr objetivos concretos.

La coordinación de los deportistas especializados en las modalidades cíclicas del atletismo puede ser eficazmente valorada según la habilidad de variar diferentes parámetros de los movimientos manteniendo la velocidad señalada de traslado. Este control, permite apreciar la capacidad del deportista de asociar las características dinámicas y de espacio-tiempo de los movimientos con las capacidades funcionales del organismo en un momento concreto de la ejecución del ejercicio.

El control de las capacidades de coordinación de los atletas puede ser ampliado con el registro de una serie de los índices fisiológicos y psíquicos, como, por ejemplo, tremor fisiológico registrando su amplitud (mkm) y frecuencia (gs); estabilidad vestibular: amplitud de las oscilaciones del centro de gravedad (mm), frecuencia de las oscilaciones del centro de gravedad (gs); volumen, movilidad y concentración de la atención, etc.

El uso de los índices locales que reflejan las capacidades de diferentes analizadores y el estado del aparato neuromuscular permiten determinar con más exactitud los factores que limitan el desarrollo de la coordinación, encontrar las reservas del posterior perfeccionamiento de una cualidad motora concreta.

Es necesario realizar el control de diferentes tipos de las capacidades de coordinación del deportista durante distintos estados funcionales de su organismo: en el estado estable cuando está presentes el alto nivel de las capacidades de trabajo y las condiciones óptimas para la actividad de su aparato neuromuscular; en condiciones de fatiga clara o compensada. Esto tiene una gran importancia, dado que el alto nivel de las capacidades de coordinación demostrado por el deportista en condiciones óptimas todavía no significa que éstas se mantienen en el mismo nivel en condiciones de una fatiga grave o acción intensiva de otros factores que alteran el estado del atleta, por ejemplo, de carácter psicológico, que actúan con especial vehemencia sobre el deportista durante importantes competiciones.

Los resultados de este control pueden contribuir a una selección más racional de los métodos y medios del desarrollo de la coordinación del deportista, y asimismo, a una planificación y el uso racional de éstos en los programas de entrenamiento de los deportistas.

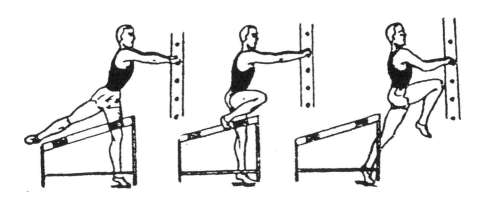

CAPÍTULO VII

E jercicios de iniciación y específicos en las modalidades cíclicas de atletismo

EJERCICIOS DE INICIACIÓN Y ESPECÍFICOS PARA LOS CORREDORES DE DISTANCIAS CORTAS

EJERCICIOS DE INICIACIÓN DIRIGIDOS A LA ASIMILACIÓN DE LA TÉCNICA DE CARRERAS

1 Marcha sobre las puntas de los pies elevando el muslo hacia arriba. Prestar atención al mantenimiento del tronco recto con una flexión insignificante en la región lumbar. Dib. 1.

2 Carrera dirigiéndose hacia las señales indicativas. Correr por la línea recta. Las señales están a una distancia de 180-200 cm una de la otra. Los señales pueden ser: líneas o círculos dibujados en el suelo, asimismo, las banderitas colocado al lado, pelotas de tenis, palas, etc.

3 Carrera por la línea recta colocando los pies estrictamente sobre la línea y paralelamente de la misma.

4 Carrera por encima de diferentes objetos: pelotas, palos, etc. Cambiando la distancia de colocación de los objetos se puede variar y perfeccionar el ritmo y longitud de zancada del corredor.

5 Carrera con los brazos detrás de la espalda, con el palo gimnástico, con cuerda. El ejercicio se efectúa del siguiente modo: a/ mantener el palo en las curvaturas de los codos detrás de la espalda; b/ con una cuerda o toalla acomodada a través del cuello; c/ con los brazos unidos detrás de la espalda. Dib. 2.

6 Imitación de los movimientos de los brazos en la carrera con la cuerda o toalla en posición de pie, piernas separadas a nivel de los hombros y con una ligera flexión del tronco hacia adelante. Dib. 3.

7 Carrera alzando los muslos y manteniendo el palo en el nivel de la cintura. Durante la carrera se ha de tocar con las rodillas el palo avanzando ligeramente hacia adelante. Dib. 4.

8 Carrera lanzando la pierna hacia atrás y tocando alternativamente los glúteos con los talones avanzando, poco a poco hacia adelante. Dib. 5.

9 Carrera por una pendiente de 3-5°.

10 Carrera por una cuesta de unos 3-5°.

11 Elevar el muslo en posición de pie junto al apoyo. En el momento de elevar la pierna de balanceo, la de apoyo se sube sobre la media punta y se estira completamente.

12 Carrera de unos 20-30 m elevando lo máximo posible el muslo y con una flexión importante del tronco hacia adelante; salida de medio fondo. Dib. 6.

13 Imitación del paso (zancada) de carrera sobre el mismo sitio. El movimiento comienza bajando el muslo de la pierna de balanceo alargando posteriormente el movimiento hacia atrás. Después de dicho movimiento de mayor impulso, el muslo se mueve hacia adelante-arriba (el talón pasa por debajo de los glúteos). El ejercicios se efectúa con cada pierna aumentando gradualmente la amplitud del movimiento. Dib. 7.

EJERCICIOS ESPECÍFICOS DEL CORREDOR
Ejercicios para el desarrollo de la velocidad

1 Carrera levantando el muslo hacia arriba. Durante el impulso con la pierna de apoyo el muslo de la pierna de balanceo sube hacia arriba por encima del nivel de la horizontal, los hombros están relajados, los brazos doblados en las articulaciones cubitales al igual que durante una carrera, la pierna de apoyo y el tronco forman una línea. El ejercicio se efectúa en movimiento (durante la carrera) a ritmo mediano y rápido, tanto por la pista como por las escaleras. Es necesario prestar atención al impulso de los pies hasta la extensión completa de la pierna de apoyo. No se pueden separar las rodillas lateralmente, flexionar el tronco hacia atrás, ni elevar los hombros; el ejercicio se efectúa sin tocar con el talón la superficie de la pista durante la colocación del pie. Dib. 8.

2 Carrera trotando. La pierna situada adelante se apoya comenzado desde la punta de pie con el posterior roce, muy ligero, de la superficie con el talón. La pierna de apoyo se estira completamente, componiendo una línea recta con el tronco. El cinturón braquial no está tenso. Los brazos caen libremente a los lados. El ejercicios se efectúa tanto por la pista, como por las escaleras subiendo y bajando a un ritmo mediano y rápido. Se puede efectuar este ejercicio cambiando el ritmo de la marcha, con un paso suave, a la carrera o trotando normal. Es necesario prestar atención al estiramiento completo de la pierna de apoyo en la articulación de la rodilla en el momento de su descenso. No trasladar las caderas hacia atrás. Los pies se colocan paralelamente. Dib. 9.

3 Movimientos de los brazos imitando la carrera en la posición inicial; las piernas están colocadas a la distancia de la anchura de los hombros, el tronco está ligeramente flexionado hacia adelante, los brazos doblados en las articulaciones cubitales en un ángulo recto. Los movimientos de los brazos se hacen a un ritmo mediano y rápido durante 10-20 por series. Prestar especial atención a la amplitud de movimientos y relajación en las articulaciones humerales. Dib. 10.

4 Carrera sobre el mismo sitio con considerable elevación del muslo apoyándose con los brazos sobre las espalderas. El tronco se sitúa en un ángulo de 45-50° aproximadamente. Levantar alternativamente los muslos por encima del nivel de la horizontal. Se efectúa a un ritmo mediano y rápido durante 10-20 seg por series. Prestar atención a la extensión completa de la pierna de apoyo. Dib. 11.

5 Imitación de los movimientos de carrera de las piernas en posición en apoyo sobre los omóplatos. Los movimientos de las piernas se efectúan al ritmo mediano y rápido durante 10-30 seg por series. Prestar atención a una amplitud libre y amplia de los movimientos. Dib. 12.

6 Carreras elevando el muslo y lanzando, posteriormente, la pierna hacia adelante ("rueda"). Durante el impulso con la pierna de apoyo el muslo de la pierna de balanceo se extiende hacia adelante hasta el nivel de la horizontal con posterior movimiento hacia adelante-abajo-atrás. El ejercicio se efectúa al ritmo rápido con diferente amplitud. Prestar atención sobre el movimiento rápido del pie hacia abajo y su colocación lo más cerca posible hacia la proyección del centro de gravedad y también, sobre un activo "empuje" del pie hacia adelante. Dib. 13.

7 Carrera en forma de salto. Se realizan impulsos alternativamente por medio de la extensión forzada del muslo y pie: los brazos ayudan activamente a la ejecución del movimiento al igual que durante una carrera normal. Los ejercicios se realizan con un movimiento rápido y corto (empujes) hacia adelante-arriba. Prestar atención a la completa extensión de la pierna de impulso, lo que resulta ser la base del impulso hacia atrás durante la carrera. Dib. 14.

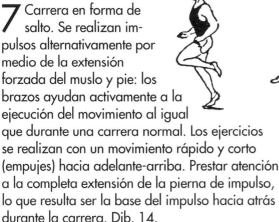

8 Subir las escaleras. Se efectúa a ritmo rápido, a veces fijando el tiempo de ejercicio. Dib. 15.

9 Saltitos - "carrera sobre una pierna" con flexión del tronco. Impulsos rápidos efectuando movimientos de los brazos al igual que durante una carrera normal. Dib. 16.

10 Cambio rápido de las posiciones de los pies con los saltos. Se efectúa desde la posición de pie con una pierna adelantada. El tronco se mantiene recto. El ejercicio se efectúa 10-15 veces por series. Dib. 17.

11 Sacar rápidamente la pierna doblada por la articulación de rodilla hacia adelante-arriba. Prestar atención a la concordancia de movimientos de piernas y brazos. Dib. 18.

12 Elevar las piernas y tronco tocando finalmente las puntas de los pies con las manos desde la posición tumbado sobre la espalda. Dib. 19.

Ejercicios para el desarrollo de la fuerza

1 Posición inicial: subir a la sexta o séptima barra de las espalderas, los brazos se apoyan sobre la barra al nivel de la cintura. Una pierna junto con el tronco baja hacia abajo, la otra se queda en la barra doblándose en las articulaciones. Se efectúa una enérgica extensión 10-15 veces de cada pierna. El descenso puede efectuarse libremente, pero la subida se hace lo más rápido posible. Dib. 20.

2 Posición inicial: sentado de cuclillas. Salto hacia arriba flexionando ligeramente la espalda hacia atrás. Repetir 8-10 veces. Dib. 21.

3 Carrera con salida baja superando una resistencia. Repetir 4-5 veces. Dicha resistencia puede ser creada por un compañero que se apoya con los brazos sobre los hombros del corredor o también, este último se apoya sobre la cintura del compañero que se coloca por delante. Dib. 22.

4 Posición inicial: tumbado boca abajo. Doblar las piernas en las articulaciones de la rodilla con una ligera resistencia creada por el compañero. Repetir 6-10 veces con cada pierna. Dib. 23.

5 Posición inicial: de pie. Doblar la pierna, con pesa de 3-6 kg sujeta al tobillo, por la articulación de rodilla hasta tocar los glúteos. Repetir 6-8 veces con cada pierna. Dib. 24.

6 Posición inicial: sentado sobre la mesa, con las piernas colgando. Subir las piernas, con pesas de 5-10 kg sujetas a las mismas, hasta el nivel de la horizontal. Repetir 6-8 veces con cada pierna. Dib. 25.

7 Posición inicial: tumbado sobre la espalda con brazos estirados a lo largo del tronco. Sujetar con las pierna la pelota medicinal y subiéndola arriba-atrás, tocar el suelo por detrás de la cabeza y después regresar a la posición inicial. Repetir 6-15 veces. Dib. 26.

8 Posición inicial: tumbado sobre la espalda con brazos estirados detrás de la cabeza y sujetando la pelota medicinal. Subiendo lentamente, flexionarse hacia adelante hasta tocar los pies con la pelota y sin doblar las rodillas. repetir 6-12 veces. Dib. 27.

9 Posición inicial: subir sobre el banco gimnástico con la barra de discos apoyada sobre los hombros. Subir y bajar saltando. El peso de la barra debe ser 30-50% del peso del deportista. Repetir 6-8 veces. Los saltos se efectúan sobre dos piernas, prestando atención sobre todo a la rapidez del ejercicio. Dib. 28.

10 Posición inicial: de pie sobre dos bancos gimnásticos con una pesa en las manos. Doblar y estirar las piernas. Saltar hacia arriba. Repetir 8-20 veces. Dib. 29.

11 Carrera con saltos sobre superficie blanda (arena, etc.) con diferente ritmo, subiendo una cuesta y por las escaleras. Se ha de prestar atención a la finalidad de los movimientos durante el impulso de la pierna. Dib. 30.

12 Saltos sobre las piernas rectas. El impulso con una u otra pierna alternativamente se realiza doblando y extendiendo la articulación talocrural. Se efectúa a ritmo lento y mediano, avanzando ligeramente hacia adelante. Es necesario prestar atención al impulso que se realiza únicamente con el pie, con flexión mínima en las articulación de rodilla. Dib. 31.

13 Saltos con "zancadas", cada una de las cuales supera uno-dos pasos de carrera normales. Se efectúa a ritmo mediano y rápido. Prestar especial atención a finalizar completamente el impulso de la pierna de apoyo, su completo enderezamiento y suavidad de aterrizaje sobre la pierna de impulso. Dib. 32.

14 Saltos sobre una pierna. Se efectúa un potente impulso de la pierna avanzando hacia adelante. Los brazos trabajan al igual como durante una carrera normal. El ejercicio se efectúa tomando el tiempo y sobre una distancia de 20-50 m. Prestar atención al impulso completo de la pierna de apoyo y paso alto del muslo arriba-adelante. Dib. 33.

15 Saltos sobre dos piernas con un ligero avance hacia adelante y subiendo los muslos hacia el pecho. Se efectúa en régimen continuo o haciendo un saltito pequeño entre dos saltos grandes. Dib. 34.

16 Saltos sobre una pierna, la otra está sobre el apoyo. Se efectúa varias veces desde la posición inicial de cara o de espalda al apoyo. El alto del apoyo es de 90-100 cm. Prestar atención al impulso del pie sin doblar la pierna de apoyo en la articulación de rodilla. Dib. 35.

17 Saltos sobre una pierna apoyada sobre el apoyo llevando simultáneamente el muslo de balanceo hacia arriba-adelante. Se efectúa varias veces sobre el apoyo de 50-60 cm de alto. El atleta puede sujetarse sobre la barra de las espalderas. Prestar atención al enderezamiento completo de la pierna de apoyo tanto en la articulación de la rodilla, como en la talocrural, y al movimiento enérgico del muslo de la pierna de apoyo arriba. Dib. 36.

18 Saltos desde la posición de cuclillas. El ejercicio se efectúa varias veces sobre una y dos piernas y también con o sin pesas. Dib. 37.

19 Saltos desde el mismo sitio: triples, quíntuplos y múltiples desde la posición que se adopta durante las salidas de fondo. Se realiza un impulso muy fuerte con la pierna de apoyo y el balanceo enérgico de la otra pierna elevando muy alto el muslo de ésta, manteniendo la flexión del tronco al igual que durante las carreras de velocidad. El paso ha se ser lo más largo posible. Dib. 38.

20 Carrera con la salida de fondo superando una resistencia. Repetir 4-5 veces. Dicha resistencia puede ser creada por un compañero que se apoya con los brazos sobre los hombros del corredor o también, este último se apoya sobre la cintura del compañero que se coloca por delante. Dib.39.

21 Elevar el muslo con una carga de 15-30 kg. (un saco con arena, un disco de la barra de halterofilia, etc.). El ejercicio se efectúa de pie con apoyo sobre una pierna. Prestar atención a la posición recta del tronco y a la elevación alta del muslo. Dib. 40.

22 De pie sobre dos bancos gimnásticos realizar saltos con pesas en las manos. El ejercicio se efectúa desde cuclillas con una pesa de 20-40 kg. Dib. 41.

23 Multisaltos desde la pierna de apoyo medio doblada y la otra estirada hacia atrás con un peso sobre los hombros. Dib. 42.

24 Movimientos con los brazos (sujetando las pesas en las manos) se efectúa al igual que durante la carrera. El ejercicio se efectúa por series. Dib. 43.

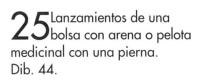

25 Lanzamientos de una bolsa con arena o pelota medicinal con una pierna. Dib. 44.

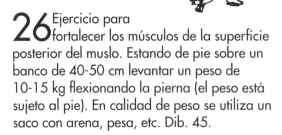

26 Ejercicio para fortalecer los músculos de la superficie posterior del muslo. Estando de pie sobre un banco de 40-50 cm levantar un peso de 10-15 kg flexionando la pierna (el peso está sujeto al pie). En calidad de peso se utiliza un saco con arena, pesa, etc. Dib. 45.

27 Subir la pierna con peso. Sentado sobre un banco, sujetando con las manos el muslo por debajo, subir la pierna con un peso (de 10-15 kg) atado a la misma hasta la posición horizontal. Dib. 46.

28 Ejercicio con resistencia para fortalecer los músculos de la superficie posterior del muslo. Tumbado boca abajo doblar y estirar la pierna en la articulación de la rodilla con la resistencia moderada del compañero. Se pueden doblar las dos piernas simultáneamente. Dib. 47

29 Ejercicio con resistencia para fortalecer los músculos de la superficie posterior del muslo. Posición del deportista tumbado boca abajo, el compañero está sujetando sus piernas por las articulaciones talocrurales. Subir lentamente el tronco hacia atrás hasta la posición de apoyo sobre las rodillas y volver lentamente a la posición inicial. Durante la ejecución del ejercicio se ha de guardar la posición del tronco recta (se puede, también, en ligera flexión hacia atrás). Dib. 48.

30 Ejercicio para fortalecer los músculos de la superficie anterior del muslo. En apoyo sobre las rodillas flexionarse hacia atrás hasta tocar el suelo con la cabeza y subir lentamente hasta adoptar la posición inicial. Dib. 49.

31 Levantamiento del muslo con resistencia desde la posición inicial en apoyo bajo un ángulo de 45°. El muslo se levanta hacia adelante-arriba utilizando un amortiguador (goma) sujeto a la articulación talocrural o con la resistencia desempeñada por el compañero que retiene la pierna. Dib. 50.

32 Flexión y extensión de las piernas en las articulaciones talocrurales desde la posición de pie sobre una superficie elevada de 5-10 cm. Subir sobre media punta con posterior descenso de los talones hasta el fondo desde distintas posiciones iniciales de los pies (colocados paralelamente, con las puntos de pie hacia afuera y hacia dentro). El ejercicio se efectúa en régimen lento tanto sin peso adicional, como utilizándolo (peso de unos 30-50 kg). Dib. 51.

33 Marcha elevando el muslo (con peso adicional). El ejercicio se efectúa con un peso de 30-60 kg por series. Prestar atención al estiramiento completo de la pierna de apoyo con la subida sobre media punta. Dib. 52.

34 Marcha flexionando el tronco hacia atrás, manteniendo la barra de discos sobre los hombros. El peso de la barra es de 30-60 Kg. Dib. 53.

35 Marcha con pasos a fondo manteniendo la barra de equilibrio sobre los hombros. El ejercicio se efectúa con una subida alta sobre la media punta de la pierna de apoyo y sacando el muslo de la pierna de balanceo hacia adelante-arriba. El peso de la barra es de 30-60 kg. Repetir hasta el cansancio. Dib. 54.

36 Elevar la barra de discos desde la posición de cuclillas (la barra esta detrás de los pies). Se efectúa con el peso de la barra de 40-80 kg. Repetir tantas veces como sea necesario hasta que se note cansado. Dib. 55.

37 Con el apoyo sobre una pierna subir un escalón manteniendo el peso sobre los hombros. Realiza el ejercicio con cada pierna marcando la cantidad de repeticiones o el tiempo de ejecución del ejercicio. Dib. 56.

38 Subir la barra de equilibrio con las piernas. El ejercicio se efectúa estando el deportista tumbado sobre la espalda. El peso de la barra es de 50-100 kg. Marcar la cantidad de repeticiones o el tiempo de ejecución del ejercicio. Dib. 57.

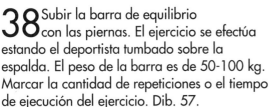

Ejercicios para el desarrollo de la flexibilidad

1 Flexiones repetidas hacia adelante desde la posición de pie o sentado. No doblar las piernas por las articulaciones de rodillas. Dib. 58.

2 Flexiones hacia atrás tratando de alcanzar los talones con las manos. La posición inicial es de pie con las piernas separadas un poco más del ancho de los hombros. Dib. 59.

3 En semi-espagat, realizar movimientos elásticos hacia abajo. El ejercicio se efectúa varias veces hasta alcanzar la posición de espagat completo. Dib. 60.

4 Estirar la pierna de apoyo desde la posición inicial en apoyo sobre una barra de espalderas. La pierna de apoyo está inicialmente doblada; la otra pierna cuelga libremente hacia abajo. Los brazos se apoyan sobre las espalderas por encima del nivel de la cabeza. Dib. 61.

5 Doblarse hacia atrás desde la posición de pie con la espalda pegada a las espalderas; la pierna izquierda está doblada por la articulación de rodilla y fijada sobre la barra. La pierna derecha está a una distancia de 50 cm de las espalderas. Dib. 62.

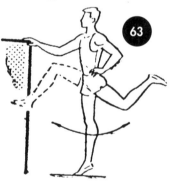

6 Balanceos libres de la pierna en posición de pie lateralmente al apoyo. Lanzar hacia adelante el muslo de la pierna, doblada por la articulación de rodilla y posteriormente lanzar la pierna hacia atrás. El ejercicio se efectúa con cada pierna, lanzandola lo máximo posible. Dib. 63.

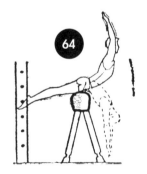

7 Subir los brazos y el tronco hasta la extensión completa de los lumbares desde la posición tumbado transversalmente sobre el caballo gimnástico y con los pies enganchados en las espalderas. El ejercicio se efectúa a ritmos lento y mediano. Dib. 64.

8 Desde la posición semitumbado sobre una mesa con un colchón encima subir las piernas alternándolas. El ejercicio se efectúa con las piernas rectas o doblándolas durante los movimientos hacia arriba. Dib. 65.

9 Desde la posición de pie con apoyo sobre una pierna, levantar la pierna libre agarrando el talón y elevándolo lo más alto posible. Dib. 66.

10 Desde la posición de pie con el apoyo sobre una pierna, colocar la otra sobre un apoyo y sacar las caderas hacia adelante. Dib. 67.

EJERCICIOS DE INICIACIÓN Y ESPECÍFICOS PARA LOS CORREDORES DE DISTANCIAS CON VALLAS

EJERCICIOS QUE AYUDAN A LA ASIMILACIÓN DEL MOVIMIENTO INICIAL DE LA PIERNA DE ATAQUE HACIA LA VALLA

1 Elevación activa de la pierna de ataque doblada hacia la pelvis hacia arriba-adelante, con posterior lanzamiento del pie estirando simultáneamente la pierna hacia adelante hasta apoyarse sobre la pared. Se efectúa desde la posición inicial de pie. La pierna de impulso está a 120-140 cm de la valla colocada junto a la pared.
La pierna de impulso y el tronco permanecen rectos. Dib. 68.

2 Movimiento inicial de la pierna de ataque hacia la valla desde el apoyo sobre las espalderas. Sujetarse con las manos en una barra al nivel de los hombros; levantar rápidamente el muslo de la pierna de ataque por encima del nivel de la horizontal y lanzar posteriormente el talón hacia adelante de tal modo que la pierna quede recta. Dib. 69.

3 Carreras superando dos vallas colocadas juntas. La distancia entre cada pareja de vallas es de 8-12 m, que se ha de superar en 3-5 pasos de carrera. La primera valla de la pareja es unos 15-20 cm más baja que la segunda. La distancia entre las dos vallas que forman la pareja es de 80-80 cm. La primera valla no permite realizar el lanzamiento con la pierna recta hacia ella, o estirarla brevemente, sino que obliga a efectuar el primer movimiento hacia el obstáculo con la rodilla. Dib. 70.

4 "El ataque de la valla". Con una breve carrera de impulso elevar el muslo y empujarse sobre el apoyo (una pared, árbol, etc.). Se ha de tocar el apoyo con el talón. Dib. 71.

5 Carrera al lado de la valla, pero pasando la pierna de impulso por encima de la misma. Colocar 5-6 vallas de moderada altura con una separación de 8-11 m. Recorriendo la pista al lado de la valla, pasar la pierna de impulso por encima de ésta. La carrera entre vallas se realiza elevando los muslos. Dib. 72.

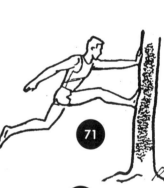

EJERCICIOS QUE AYUDAN A LA ASIMILACIÓN DEL PASO DE LA PIERNA DE IMPULSO POR ENCIMA DE LA VALLA

1 Deslizar la planta del pie a lo largo de una valla con diferente altura en sus lados, estando al lateral de la misma y apoyándose con las manos sobre las espalderas. La valla está colocada perpendicular hacia el apoyo y su parte alta está cerca del mismo. Llevar la pierna de impulso hacia atrás y, deslizándola a lo largo de la barra de la valla, sacarla justamente adelante del cuerpo guiándose por la rodilla. Dib. 73.

2 Paso de la pierna de impulso doblada por la articulación de la rodilla por encima de la valla colocada paralelamente a las espalderas. Posición inicial: el deportista está al lado de la valla y un poco por delante de ésta (unos 15-20 cm en ambos casos) de cara al apoyo. Separar la pierna de impulso hacia atrás y primero lentamente, y luego, con más rapidez, pasar la pierna doblada por encima de la barra de la valla. Dib. 74.

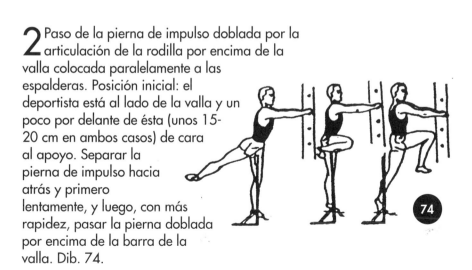

3 El mismo ejercicio que el anterior, pero se ha de acercar al obstáculo desde unos 2-4 pasos. Subir la pierna de ataque con la rodilla hacia adelante-arriba y bajarla por detrás de la valla. Bajando la pierna de ataque, la pierna de impulso se pasa por encima de la valla estando el cuerpo en posición adelantada. Las piernas tocan el apoyo simultáneamente. Dib. 75.

4 Carrera junto a la valla pasando la pierna de impulso por encima de ésta. Dib. 76.A. El mismo movimiento dibujado desde el punto de vista lateral, dib. 76.B. y desde arriba, dib. 76.C.

EJERCICIOS QUE AYUDAN A AUMENTAR LA LONGITUD DEL PRIMER PASO DESPUÉS DE SUPERAR LA VALLA

1 Carrera junto a la valla pasando la pierna de impulso por encima de ésta. Colocar unas 5-6 vallas no muy altas a una distancia de 8-11 m. Recorriendo la distancia en 3-5 pasos al lado de las vallas, la pierna de impulso pasa por encima de las mismas. Antes de cada valla y entre éstas se efectúa la carrera elevando los muslos. Dib. 77.

2 Carrera con vallas siguiendo las señalizaciones. Recorriendo la distancia y saltando las vallas, después de pasar cada una, se ha de colocar la pierna de impulso sobre una marca señalada en una distancia de 130-160 cm desde el lugar de aterrizaje de la pierna de ataque.

3 Carrera con salida alta efectuando solamente un paso entre vallas separadas una distancia de 4, 8-5 m entre sí. La distancia hasta la primera valla (8-8,5 m) se realiza con 4 pasos de carrera.

4 Carrera con salida alta junto a las vallas. La pierna de impulso doblada por la articulación de la rodilla se pasa por encima de dos vallas colocadas juntas. Cada pareja de vallas se coloca a una distancia de 8-11 m una de la otra. Un valla es 15-20 cm más pequeña que la otra. La distancia entre dos vallas que forman pareja es de 60-80 cm. Dib. 78.

EJERCICIOS QUE AYUDAN A LA ASIMILACIÓN DE LA TÉCNICA DE PASO DE VALLAS

1 Flexiones en la posición que se adopta durante el paso de la valla. La pierna de ataque está recta, la de impulso doblada y separada lateralmente. Flexionando el cuerpo hacia adelante tocar la pierna con el pecho; extendiéndolo hacia atrás, tumbarse completamente sobre la espalda, sin separar la rodilla de la pierna de impulso. Repetir lo mismo con la otra pierna. Dib. 79.

2 Superar un caballo gimnástico de baja altura manteniendo la técnica de paso de valla. Acercándose hacia el caballo gimnástico con el paso sobre media punta, elevar la pierna de ataque doblando por la rodilla hacia adelante arriba y bajarla hacia abajo pasando el aparato; impulsarse rápidamente con la pierna de impulso y pasarla hacia adelante colocándola por delante del cuerpo. Durante la ejecución del ejercicio prestar mucha atención a la continuidad de los movimientos que se realizan durante el vuelo. Dib. 80.

3 Imitación del paso por encima de la valla. La pierna de ataque sube doblando por la rodilla hacia adelante-arriba; la pierna desciende con el talón hacia adelante-abajo. Expulsarse con la pierna de impulso pasando la rodilla por el lateral hacia adelante. Dib. 81.

4 Durante una carrera lenta elevando los muslos, subir la pierna de ataque con la rodilla hacia adelante-arriba y bajarla libremente hacia abajo-adelante por detrás de la valla en combinación con un rápido impulso. Dib. 82.

EJERCICIOS ESPECÍFICOS PARA LOS CORREDORES CON VALLAS

Ejercicios para el desarrollo de fuerza

1 Cambio de posición de las piernas con unos movimientos de balanceo en direcciones contrarias. Echados sobre la espalda elevar las piernas hasta la vertical; los brazos están colocados a lo largo del tronco. El ritmo es lento. Dib. 83.

2 Círculos con las piernas hacia fuera y hacia adentro desde la posición inicial tumbado sobre la espalda. Subir las piernas del suelo y separarlas lateralmente; los brazos colocados a lo largo del tronco. Efectuar círculos con las piernas rectas manteniendo una amplitud grande y mediana y con un ritmo mediano y lento. Dib. 84.

3 Realizar círculos con las piernas hacia ambos lados, tumbados sobre la espalda. Subiendo las piernas ligeramente se han de efectuar movimientos circulares hacia la derecha y hacia la izquierda con gran amplitud y ritmo lento. Dib. 85.

4 Separación de la pierna hacia un lado desde la posición inicial sentado sobre el suelo con piernas rectas y apoyándose con los brazos detrás de la espalda. Subir la pierna derecha hacia arriba, flexionarse simultáneamente hacia atrás en la parte lumbar y colocar la pierna a la derecha; luego volver a la posición inicial. Repetir lo mismo con la otra pierna. Se efectúa con gran amplitud, el tronco y piernas se mantienen rectos. El ritmo es lento. Dib. 86.

5 Tocar con la punta del pie de la pierna derecha la mano del brazo izquierdo, desde la posición inicial tumbado sobre la espalda con los brazos separados lateralmente y las piernas juntas. Se ha de tocar el suelo con la cabeza, brazos y tronco. El ritmo de ejecución del ejercicio es mediano. Dib. 87.

6 Subir rápidamente las piernas y el tronco desde la posición inicial tumbado sobre la espalda; los brazos se colocan detrás de la cabeza y las piernas juntas. Se ha de levantar el tronco y las piernas rápidamente, pero volver a la posición inicial lentamente. Dib. 88.

7 Elevación de las piernas sujetando entre los pies una pelota medicinal desde la posición inicial tumbado sobre la espalda. Se han de subir las piernas rectas y bajarlas suavemente hasta tocar el suelo por detrás de la cabeza. Descender lentamente las piernas hasta la posición inicial. Dib. 89.

8 Círculos con las piernas sujetando entre los pies una pelota medicinal desde la posición inicial tumbado sobre la espalda con los brazos separados lateralmente. Subir las piernas junto con la pelota y "dibujar" con las mismas un círculo completo. El ejercicio se efectúa en ambas direcciones con amplitud grande y mediana. La cabeza y los hombros tocan el apoyo, los brazos no se mueven de su sitio. El ritmo es lento y mediano. Dib. 90.

9 Flexionar y extender las piernas sujetando la pelota medicinal entre los pies desde la posición inicial sentado sobre el suelo. El tronco está flexionado hacia atrás apoyándose con los brazos detrás de la espalda. Mover las piernas junto con la pelota manteniéndolas paralelas al suelo sin tocarlo y sin doblar los brazos. Mantener el tronco recto. Efectuar en ritmo mediano y rápido. Dib. 91.

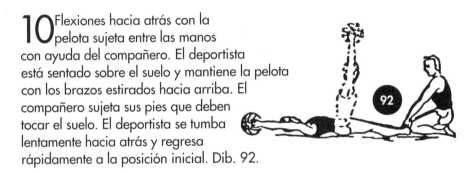

10 Flexiones hacia atrás con la pelota sujeta entre las manos con ayuda del compañero. El deportista está sentado sobre el suelo y mantiene la pelota con los brazos estirados hacia arriba. El compañero sujeta sus pies que deben tocar el suelo. El deportista se tumba lentamente hacia atrás y regresa rápidamente a la posición inicial. Dib. 92.

11 Lanzamiento de la pelota con las piernas durante un salto. El deportista agarra la pelota con los pies, efectúa un salto hacia arriba lanzando simultáneamente la pelota con las piernas hacia adelante-arriba. Es conveniente efectuar este ejercicio con un compañero que recoge la pelota. El ritmo es mediano y rápido. Dib. 93.

12 Flexiones a los lados desde la posición sentado sobre un caballo gimnástico y manteniendo los brazos detrás de la cabeza. El compañero sujeta por las articulaciones talocrurales al deportista que efectúa el ejercicio. Las flexiones se realizan a ritmo lento, pero se ha de regresar a la posición inicial rápidamente. Dib. 94.

13 Círculos con el tronco hacia la derecha y hacia la izquierda desde la posición inicial sentado sobre el caballo gimnástico con las piernas estiradas hacia adelante y brazos levantados hacia arriba. El compañero sujeta por las articulaciones talocrurales al deportista que efectúa el ejercicio. El ejercicio se efectúa con gran amplitud; el tronco y los brazos se mantienen rectos. El ritmo del ejercicio es mediano. Dib. 95.

14 Lanzamientos de las piernas a ambos lados desde la posición en suspensión sobre las espalderas con las piernas juntas. El ejercicio se efectúa con gran amplitud y ritmo mediano. Dib. 96.

15 Elevar las piernas desde la suspensión sobre las espalderas. Tocar rápidamente con las puntas de pies la barra que se encuentra por encima de la presa con las manos y bajar lentamente las piernas. En todo momento las piernas se mantienen rectas. Dib. 97.

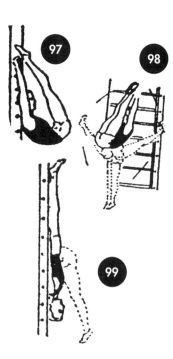

16 Círculos con las piernas en todas las direcciones desde la posición en suspensión sobre las espalderas. Los círculos se efectúan con piernas rectas y en ritmo lento. Dib. 98.

17 Subir y bajar las piernas doblando el cuerpo que se encuentra en posición invertida sobre las espalderas. Subir rápidamente las piernas hacia arriba hasta tener el cuerpo estirado completamente y regresar lentamente a la posición inicial. Dib. 99.

18 Flexionar y extender las piernas desde la posición inicial tumbado sobre la espalda con las piernas hacia arriba. Sobre las plantas de los pies del deportista se coloca el compañero que se sujeta en las espalderas. Efectuar el ejercicio a ritmo lento. Dib. 100.

19 Flexiones y extensiones de las piernas alternándolas en las espalderas. Agarrar la barra de la espaldera con las manos en el nivel de la cintura. Durante la extensión de la pierna, la pelvis no debe separarse hacia atrás. Efectuar a ritmo rápido. Dib. 101.

20 Flexiones hacia la derecha y hacia la izquierda estando situado lateralmente a la espaldera, colocando la punta del pie sobre una de las barras. Los brazos están extendidos hacia arriba. Durante las flexiones se ha de mantener el tronco, piernas y brazos rectos. Efectuar con cada pierna a ritmo lento y mediano. Dib. 102.

21 Separación lateral de la pierna sin doblar las rodillas estando al lado de apoyo, a ritmo lento. Efectuar con ambas piernas. Dib. 103.

22 Levantar lateralmente la pierna doblada por la articulación de la rodilla desde la posición de pie, situándose lateralmente al apoyo o espaldera. Subiendo la pierna se ha de controlar que el muslo y la articulación talocrural estén paralelamente al suelo. La pierna de apoyo y el tronco se mantiene rectos. El ritmo del ejercicio es mediano. Dib. 104.

23 Movimientos circulares de las piernas en el plano lateral estando de lado al apoyo y agarrándose a él. Un brazo se sujeta sobre el apoyo. La pierna se separa lateralmente. El ejercicio se efectúa con gran amplitud. El tronco y la pierna se mantienen rectos. Dib. 105.

24 Paso de la pierna recta por encima del caballo gimnástico estando de pie lateralmente a éste y sujetándose con una mano en el apoyo. Levantar la pierna recta hacia atrás y pasarla por encima del caballo hacia adelante. El tronco y la pierna de apoyo permanecen rectos. El ritmo es lento. Dib. 105.1.

25 Separación de la pierna y el brazo hacia un lado. Desde el apoyo lateral sobre el brazo levantar la pierna y el brazo simultáneamente hacia un lado. Mantener 5-7 seg. Repetir 4-6 veces. El descanso entre las repeticiones es de 5-10 seg. Dib. 105.2.

26 Flexionarse hacia atrás por la zona lumbar desde la posición inicial tumbado sobre la espalda; las piernas separadas ligeramente y la nuca se apoya sobre la pelota. Flexionarse y mantener esta postura durante 5-7 seg. Regresar lentamente a la posición inicial. Dib. 106.

27 Desde la posición inicial tumbado sobre la espalda con los brazos extendidos a lo largo del tronco. Cambiar la posición de la pierna con movimientos de balanceo en direcciones contrarias. Repetir 15-25 veces. El ejercicio se efectúa a ritmo lento con gran amplitud en el plano anteroposterior. Dib. 107.

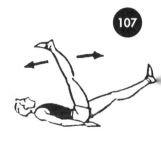

28 Desde la posición inicial tumbado sobre la espalda con las piernas juntas y los brazos separados lateralmente, tocar con la punta del pie de la pierna derecha la mano del brazo izquierdo. Se ha de tocar el suelo con la cabeza, brazos y tronco. El ritmo de ejecución del ejercicio es mediano. Dib. 108.

29 Desde la posición inicial tumbado sobre la espalda, brazos extendidos detrás de la cabeza y piernas juntas, subir rápidamente las piernas y el tronco. Repetir 6-12 veces a ritmo mediano y rápido. Se ha de levantar el tronco y las piernas rápidamente, pero volver a la posición inicial lentamente. Dib. 109.

30 Desde la posición inicial tumbado sobre la espalda, los brazos extendidos detrás de la cabeza, y piernas juntas, 1. levantar piernas y tronco; 2. adoptar la posición sentado similar a la postura durante el vuelo al pasar la valla y efectuar una flexión hacia la pierna de balanceo; 3. regresar a la posición inicial. Efectuar a ritmo mediano y lento. Adoptando la postura de paso de la valla, cambiar cada vez la pierna de balanceo. Repetir 6-12 veces con cada pierna. Dib. 110.

31 Desde la posición inicial tumbado sobre la espalda con brazos extendidos a lo largo del tronco, subir piernas rectas bajándolas por detrás de la cabeza tocando, el suelo con las puntas de pies y volver a bajarlas lentamente hasta la posición inicial. Repetir 8-15 veces. Se efectúa a ritmo mediano. Dib. 111.

32 Desde la posición inicial sentado sobre el suelo apoyándose en los brazos situados detrás del tronco, Levantar la pierna derecha hacia arriba, simultáneamente flexionarse hacia atrás por la región lumbar, colocar la pierna al lado y posteriormente volver a la posición inicial. Lo mismo repetir con otra pierna y al otro lado. El ejercicio se efectúa 6-10 veces con cada pierna. Ejecutar a ritmo lento con gran amplitud. Dib. 112.

33 Desde la posición inicial tumbado sobre la espalda con los brazos separados lateralmente, elevar ligeramente las piernas y efectuar los círculos a ambos lados. Repetir 4-8 veces a cada lado a ritmo mediano. Los movimientos circulares han de ser realizados con gran amplitud manteniendo las piernas juntas. Dib. 113.

34 Desde la posición inicial en suspensión sobre las espalderas estando de espaldas a éstas, subir y bajar las piernas dobladas por las articulaciones de rodilla. Subir rápidamente las piernas y regresar lentamente a la posición inicial. Repetir 8-20 veces. Dib. 114.

35 Desde la posición inicial junto a las espalderas, sujetarse con los brazos a la barra de arriba, los pies están cerca de la pares. Efectuar flexiones laterales sin soltar la presa de las manos. Durante las flexiones mantener los brazos rectos. Repetir 5-10 veces a cada lado y colocar los pies cerca de la pared a ritmo mediano y lento. Dib. 115.

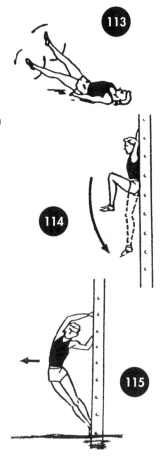

36 Desde la posición inicial suspensión sobre las espalderas, efectuar balanceos con las piernas a ambos lados (manteniendo las piernas juntas). El ejercicio se efectúa con gran amplitud. Repetir 8-15 veces a ritmo mediano. Dib. 116.

37 Subidos a una barra de las espalderas a una distancia de 1-1,5 m de suelo, sujetarse con las manos que están colocadas a nivel de pecho. Descender hacia abajo doblando una pierna que se queda sobre la barra y la otra, recta, va hacia abajo. Luego volver a la posición inicial. Efectuar 2-3 series de 10-15 repeticiones cada una con cada pierna. El ritmo es lento y mediano. El intervalo de descanso entre las series es de 1-2 min. Dib. 117.

38 Desde la posición inicial suspensión sobre las espalderas, subir las piernas desde la suspensión tocando con las puntas de los pies la barra por encima de la cabeza y volver lentamente a la posición inicial. Efectuar 2-3 series de 4-10 repeticiones cada una. El ritmo es mediano y lento. El intervalo entre las series es de 1-2 min. Dib. 118.

39 Situado de cara a la valla, colocar la pierna recta sobre la misma; la pierna de apoyo está en el suelo. Sujetarse con las manos a la valla. Doblar la pierna de apoyo regresando rápidamente a la posición inicial. Repetir 4-10 veces con cada pierna. Dib. 119.

Ejercicios para el desarrollo de la flexibilidad

1 Balanceo alternando dos piernas en la dirección anteroposterior desde una posición lateral al apoyo, sujetándose con una mano sobre éste. Durante el balanceo hacia adelante la pierna se mantiene recta con la punta hacia arriba; durante el balanceo hacia atrás la pierna se relaja y se dobla por la articulación de rodilla. No separar la rodilla lateralmente. La pierna de apoyo y el tronco permanecen rectos. Dib. 120.

2 Balanceos transversales delante del tronco, alternando la pierna derecha e izquierda. Se puede sujetar con los brazos en el apoyo. Durante la ejecución de balanceo, la pierna se mantiene recta y el tronco no se gira en la articulación coxofemoral hacia el balanceo. Sacar la pelvis hacia adelante. El ritmo es mediano. Dib. 121.

3 Lo mismo que el ejercicio 2, pero al final del balanceo se ha de doblar la pierna por la articulación de rodilla. En el punto más alto del balanceo con la pierna recta hacia el lado, se ha de doblar la pierna y llevarla hacia el hombro. El ritmo de ejecución es mediano. Dib. 122.

4 Balanceos alternando la pierna derecha e izquierda en el plano anteroposterior desde la posición de cara hacia la valla (o espalderas) y sujetándose con las manos en ésta. Durante el balanceo hacia adelante, la pierna doblada por la articulación de rodilla sube hacia arriba hasta tocar el pecho. Durante el balanceo hacia atrás tocar los glúteos con el talón sin separar la rodilla lateralmente. Mantener un ritmo mediano. Dib. 123.

5 Movimientos de la pelvis hacia adelante subiendo simultáneamente el tronco sobre la media punta de la pierna de apoyo. Una pierna doblada ligeramente por la articulación de rodilla está colocada sobre una valla (espalderas). La pierna de apoyo está a una distancia de 100-120 cm de la valla. Durante la elevación de la pierna de apoyo sobre media punta y el alargamiento de la pelvis hacia adelante, la pierna colocada sobre el apoyo se dobla por las articulaciones de rodilla y coxofemorales, separándose los hombros ligeramente hacia atrás. El ritmo de ejecución es lento. Dib. 124.

6 Flexiones elásticas adelante hacia la pierna de apoyo, mientras que la otra pierna permanece sobre el pavimento. La punta del pie que está sobre el apoyo se encuentra separada hacia afuera; la pierna permanece perpendicularmente al apoyo. El ritmo del ejercicio es mediano y rápido. Dib. 125.

7 Flexiones elásticas del tronco hacia la pierna de apoyo. La otra pierna está doblada por las articulaciones de la rodilla y la coxofemoral y se apoya sobre la valla. Durante las flexiones del tronco la pierna de apoyo no se dobla por la articulación de rodilla. Después de 3-4 flexiones subir el tronco hasta formar la línea recta con la pierna de apoyo. El ritmo de ejecución es mediano y rápido. Dib. 126.

8 Flexiones elásticas del tronco desde la posición de paso a fondo con la pierna izquierda hacia adelante. La pierna derecha está recta. Los brazos se apoyan por delante de la pierna izquierda. Doblando los brazos, flexionar el tronco hacia el suelo lateralmente a la pierna adelantada. Mantener el ritmo mediano. Repetir cambiando la posición de las piernas. Dib. 127.

9 Adoptar la posición de espagat o lo más próximo a éste y efectuar los movimientos elásticos hacia abajo. Cambiar la posición de las piernas. Mantener el tronco recto. Dib. 128.

10 Flexiones del tronco hacia adelante con las piernas lo más separadas posible. Tocar el suelo con los codos y posteriormente con la cabeza. Mantener las piernas rectas durante las flexiones. Después de 3-4 flexiones subir el tronco. El ritmo de ejecución es mediano. Dib. 129.

11 Giros del tronco a derecha e izquierda. Las piernas están separadas lo más lateralmente posible. Se ha de girar también la pelvis. El ritmo es mediano. Dib. 130.

12 Flexiones del tronco hacia adelante desde la posición sentado. La pierna izquierda se extiende hacia adelante y permanece recta, la pierna derecha está doblada por las articulaciones de rodilla y coxofemoral y separada lateralmente. Cambiar la posición de las piernas. Se ha de flexionar el tronco estrictamente hacia adelante sin doblar la pierna que se encuentra estirada y subir ligeramente hacia arriba la rodilla de la pierna doblada. El ritmo de ejecución es mediano y rápido. Dib. 131.

12 Separar y juntar las piernas lateralmente desde la posición tumbado de espaldas, con piernas elevadas hacia arriba y los brazos separados lateralmente. El ritmo es mediano y rápido. Dib. 132.

14 Balanceos con las piernas en el plano anteroposterior estando de pie con apoyo en la valla o espalderas. Los brazos se colocan a nivel de la cabeza. Durante el balanceo hacia adelante la pierna se dobla por la articulación de la rodilla y solamente en el más alto punto del balanceo se estira y apoyándose el talón sobre la barra de espalderas. La pierna de apoyo permanece recta y al final del balanceo se sube sobre media punta. La distancia de las espalderas hasta la pierna de apoyo es de 100-120 cm. El ritmo de ejecución del ejercicio es mediano y rápido. Dib. 133.

15 Flexiones del tronco hacia la pierna situada sobre un apoyo elevado. Colocarse de cara al apoyo a una distancia de 100-120 cm del mismo. Durante la ejecución del movimiento la pierna de apoyo debe permanecer recta. En el momento de flexión del tronco el deportista sube sobre media punta de la pierna de apoyo. El ritmo es mediano. Dib. 134.

16 Movimientos circulares de la pelvis hacia la derecha e izquierda desde la posición de pie con las piernas separadas la distancia de la anchura de los hombros y los brazos colocados sobre la cintura. La rotación se efectúa de tal modo que las piernas y la cabeza forman línea recta. El ritmo es mediano y rápido. Dib. 135.

17 Flexiones del tronco hacia la pierna de balanceo desde la siguiente posición inicial: de pie a una distancia de 100-120 cm de la valla o espalderas y con la pierna de balanceo apoyada con el talón sobre la valla. Cambiar la posición de las piernas. Es necesario enviar el tronco hacia adelante con un impulso procedente de la flexión del tronco hacia atrás desde la posición inicial. Durante la flexión del tronco hacia adelante la pierna de apoyo se sube sobre media punta y permanece recta. El ritmo de ejecución es mediano y rápido. Dib. 136.

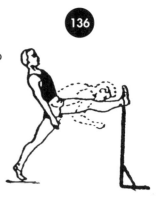

18 Flexiones del tronco hacia atrás desde la posición inicial sentado con la pierna derecha estirada hacia adelante, la punta del pie hacia arriba, la pierna izquierda doblada por las articulaciones coxofemoral y de rodilla y separada lateralmente. Cambiar la posición de las piernas. Flexionando el tronco hacia atrás no se ha de doblar la pierna derecha y no subir la pierna izquierda doblada con la rodilla hacia arriba. El ritmo de ejecución es mediano. Dib. 137.

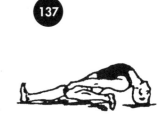

19 Separación de las piernas en el plano anteroposterior hasta alcanzar el espagat completo desde la posición con la pierna de balanceo subida sobre un apoyo elevado. Cambiar la pierna de balanceo cuyo pie permanece en flexión No doblar la pierna de apoyo por la articulación de rodilla. Dib. 138.

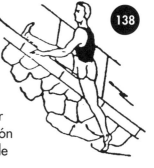

20 Separación de las rodillas lateralmente con ayuda de los brazos desde la posición de cuclillas sobre ambas piernas separadas en el ancho de los hombros. El tronco permanece recto. Separando las rodillas a los lados, no se debe flexionar el tronco hacia adelante. Apoyarse sobre media punta. El ritmo de ejecución es lento. Dib. 139.

21 Separación de la rodilla lateralmente de la pierna de impulso con ayuda de los brazos desde la posición inicial de pie. Apoyar la planta del pie de la pierna de impulso sobre la valla de una altura de 70-100 cm. Durante la separación de la rodilla hacia el lado, la pelvis se debe llevarse hacia adelante; el tronco permanece recto. El ritmo de ejecución de ejercicio es mediano. Dib. 140.

22 Paso a fondo, la pierna de atrás está semidoblada. Balanceos elásticos sobre dos piernas. Cambiar la posición de las piernas después de 3-4 balanceos. Repetir 6-10 veces con cada pierna. Durante la ejecución del movimiento el tronco debe permanecer, mantener los brazos libremente. Dib. 141.

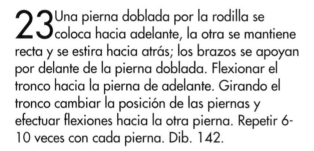

23 Una pierna doblada por la rodilla se coloca hacia adelante, la otra se mantiene recta y se estira hacia atrás; los brazos se apoyan por delante de la pierna doblada. Flexionar el tronco hacia la pierna de adelante. Girando el tronco cambiar la posición de las piernas y efectuar flexiones hacia la otra pierna. Repetir 6-10 veces con cada pierna. Dib. 142.

24 Separar las piernas lateralmente lo más que sea posible. Flexionar girando el tronco hacia la pierna derecha y la izquierda. Repetir 8-12 veces a cada lado. Efectuar a ritmo mediano. El tronco debe permanecer recto, los brazos se mueven hacia los lados y hacia adelante libremente. Dib. 143.

25 Sentado en el suelo con una pierna estirada hacia adelante, el pie en flexión, la otra pierna está doblada por las articulaciones coxofemoral y de la rodilla y separada lateralmente (la posición de paso por encima de la valla). Flexiones del tronco hacia adelante. Repetir 10-20 veces cambiando las posiciones de las pierna. Efectuar a ritmo mediano y rápido. Al flexionarse se ha de mantener recta la pierna de adelante y conservar el ángulo recto entre los muslos. Dib. 144.

26 Sentado sobre el suelo con apoyo de los brazos. Girando hacia la izquierda pasar a la posición de paso de la valla, flexionarse hacia adelante y volver a la posición inicial. Repetir lo mismo en el otro lado. Efectuar el ejercicio 6-12 veces a cada lado a ritmo mediano y rápido. Durante el giro a la izquierda la pierna izquierda permanece doblada, la derecha no debe flexionarse por la articulación de rodilla. Dib. 145.

27 Sentado en posición de paso de la valla, flexionar el tronco hacia atrás. Repetir 10-12 veces cambiando la posición de las piernas. Efectuar a ritmo lento y mediano. Al flexionarse hacia atrás no doblar la pierna de balanceo. Dib. 146.

28 Sentado sobre el banco gimnástico con las piernas rectas y separadas lateralmente lo más ancho posible, flexionar el tronco hacia adelante 8-12 veces. Efectuar a ritmo mediano. Durante las flexiones mantener las piernas rectas. Después de finalizar 3-5 flexiones se ha de levantar la espalda. Dib. 147.

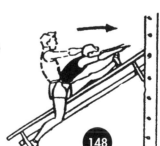

29 Sentarse a lo largo del banco gimnástico colocado oblicuamente. Flexiones del tronco en la dirección anteroposterior hasta alcanzar el espagat completo. Repetir 10-15 veces con cada pierna. Efectuar a ritmo mediano y lento. Durante las flexiones no doblar la pierna de apoyo por la articulación de la rodilla. Dib. 148.

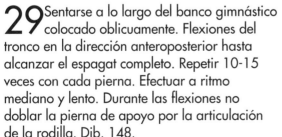

30 Tumbado sobre la espalda con brazos rectos estirados detrás de la espalda, una pierna está apoyada con el talón sobre el banco y la otra está doblada por la articulación de rodilla. Subir la pelvis lo más alto posible y luego volver a la posición inicial. Repetir 8-12 veces con cada pierna. El ritmo de ejecución es mediano. Dib. 149.

31 De pie lateralmente a la valla sujetándose con la mano sobre ésta, efectuar balanceo con la pierna izquierda y derecha en la dirección anteroposterior. Repetir 10-15 veces con cada pierna. Efectuar 2-3 series. El ritmo de ejercicio es mediano, la pausa entre las series es de 20-40 seg. Durante el balanceo hacia adelante, la pierna se mantiene recta, el pie es flexionado. Durante el balanceo hacia abajo-atrás la pierna debe relajarse y doblarse ligeramente por la articulación de rodilla. Dib. 150.

32 De pie de cara a la valla sujetándose a ésta, balancear la pierna derecha e izquierda en la dirección anteroposterior. Repetir 12-18 veces con cada pierna. Efectuar a ritmo lento y mediano. Efectuando el balanceo hacia adelante se ha de doblar la pierna de balanceo por la articulación de la rodilla. Dib. 151.

33 De pie de cara hacia la valla, una pierna está doblada por la articulación de la rodilla y se apoya sobre la valla. Mover la pelvis hacia adelante subiendo simultáneamente sobre la media punta de la pierna de apoyo. Repetir 2-3 series de 12-15 veces cada una. Efectuar a ritmo mediano. Durante el avance de pelvis hacia adelante, la pierna colocada sobre el apoyo se dobla por la articulación de la rodilla y coxofemoral; en cuanto a los hombros, se mueven ligeramente hacia atrás. Dib. 152.

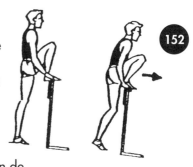

34 De pie de cara hacia la valla sujetándose con los brazos sobre el mismo, lanzar la pierna doblada en dirección anteroposterior. Repetir 10-15 veces con cada pierna. Efectuar 2-3 series. El ritmo de ejercicio es mediano. Durante el lanzamiento de la pierna doblada subir la rodilla, sin flexionar el tronco hacia adelante. Dib. 153.

35 De espaldas hacia la valla, una pierna está doblada hacia atrás por la articulación de rodilla con el pie apoyado sobre la valla. Flexionar el tronco hacia adelante aproximándolo a la pierna de apoyo sin doblarla. Dib. 154.

EJERCICIOS DE INICIACIÓN Y ESPECÍFICOS PARA LOS ATLETAS ESPECIALIZADOS EN MARCHA
EJERCICIOS DE INICIACIÓN QUE AYUDAN A LA ASIMILACIÓN DE LA TÉCNICA DE LA MARCHA

1 Marcha efectuando pasos largos en línea recta, moviéndose los brazos hacia adelante y atrás. Dib. 155.

2 El mismo ejercicio que el anterior, pero con las pierna colocadas de la siguiente manera: la pierna derecha se coloca hacia la izquierda de la línea trazada en el suelo y la pierna izquierda, a la derecha de la línea. Dib. 156.

3 Marcha efectuando pasos largos girando simultáneamente los hombros en dirección al paso de la pierna contraria. Dib. 157.

4 El mismo ejercicio que el anterior, pero con un palo gimnástico colocado encima de los hombros. Dib. 158.

5 El mismo ejercicio, pero con el palo sujeto detrás de la espalda, con los brazos doblados por las articulaciones cubitales. Dib. 159.

6 Pasar el peso del cuerpo de una pierna a la otra teniendo los músculos de la articulación coxofemoral relajados al máximo. Dib. 160.

7 El mismo ejercicio que el anterior, pero con apoyo de los brazos sobre la valla. Dib. 161.

8 Desde la posición de pie subir el muslo hacia adelante-adentro. Los brazos están doblados por la articulación cubital. Dib. 162.

9 El mismo ejercicio que el anterior, pero en apoyo sobre la valla. Dib. 163.

10 Separación lateral de la pierna doblada por la rodilla utilizando el apoyo o sin éste. Dib. 164.

11 Pasar desde la media punta hacia el apoyo sobre el talón (subir las puntas de los pies hacia arriba). Los pies colocados paralelamente al nivel de anchura los hombros. Dib. 165.

12 Marcha deportiva y normal durante 1,5-2 horas con peso de 8-16 kg.

13 Marcha normal sobre las piernas rectas, presionando sobre la articulación de rodilla de la pierna de apoyo hasta sentir una ligera superextensión en esta articulación. Dib. 166.

14 Elevar la punta de los pies exageradamente durante la marcha. Dib. 167.

15 Giros de la pelvis hacia los lados. Las piernas no se doblan por las articulaciones de rodillas. Efectuar los movimientos de los brazos al igual que durante la marcha deportiva. Dib. 168.

16 El mismo ejercicio que el anterior, pero efectuando un ligero saltito sin doblar las piernas. Dib. 169.

17 Marcha deportiva por un círculo de un diámetro de 8-10 m y también, "en serpentina"; efectuar 5-6 pasos a la derecha y 5-6 pasos a la izquierda. Dib. 170.

18 Marcha lateral cruzando las piernas hacia la derecha y hacia la izquierda. Colocar alternativamente la pierna derecha por delante y por detrás de la pierna izquierda girando al máximo la pelvis. Dib. 171.

19 Marcha deportiva "trotando" (la longitud del paso es de 50-70 cm) alternándola con la marcha a zancadas largas.

20 Marcha deportiva por la hierba de 5-8 cm de altura tocándola obligatoriamente con la planta de pie durante el movimiento de la pierna hacia adelante. Dib. 172.

21 Marcha deportiva sobre un suelo blando, arena o nieve, con pasos cortos alargándolos posteriormente.

22 Marcha con amortiguadores de goma sujetos a los tobillos. Dib. 173.

23 Imitación de movimientos de los brazos de marchador estando de pie y sin avanzar. Dib. 174.

EJERCICIOS ESPECÍFICOS DE MARCHADOR

1 De pie, flexionar el tronco hacia adelante sin doblar las piernas. Repetir 10-15 veces.

2 Sentado sobre el suelo, flexionar sobre las piernas rectas; las puntas de los pies se mantienen flexionadas.

3 De pie con las piernas juntas y las puntas de los pies apoyadas sobre una barra (banco gimnástico, etc.), subir y bajar los talones. Realizar 10-15 veces. Controlar que las piernas no se doblen por las articulaciones de rodilla. Dib. 175.

4 De pie con las piernas ligeramente separadas, efectuar un paso grande flexionando simultáneamente el tronco hacia abajo sobre la pierna recta. Mantener el pie de la pierna adelante flexionada. Tocar el suelo con ambas manos. Durante la ejecución del ejercicio prestar especial atención a la colocación de la pierna adelantada sobre el talón y girar ligeramente la pelvis. Dib. 176.

5 Sentado sobre el suelo con las piernas ligeramente elevadas y apoyando sobre los brazos atrás, realizar movimientos circulares, flexiones y extensiones de los pies manteniendo una gran amplitud. Dib. 177.

6 Separar las piernas en el plano antero posterior. La pierna posterior se apoya sobre toda la planta de pie, la pierna anterior, sobre el talón. Pasar al apoyo sobre la punta del pie de la pierna posterior y al apoyo sobre toda la planta de la pierna colocada adelante, luego, cambiar de nuevo la posición. Repetir 15-20 veces. Efectuar lento, suavemente y manteniendo las piernas rectas. Dib. 178.

7 De espaldas hacia la pared con los pies ligeramente separados, sujetar los lazos al banco gimnástico y colocar dentro de éstos las puntas de los pies. Sin ayuda de los brazos (o con una pequeña ayuda de ellos) inclinarse con todo el cuerpo hacia atrás hasta apoyarse sobre la pared. Luego volver a la posición inicial. Repetir 10-15 veces. Controlar que las piernas y el tronco permanezcan rectos. El ejercicio se efectúa a ritmo lento. Dib. 179.

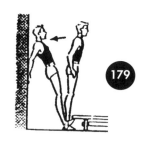

8 Piernas separadas a nivel de la anchura del pie, los brazos doblados a nivel del pecho. Realizar giros simultáneos del cinturón braquial y la pelvis en direcciones opuestas. Efectuar durante 2-3 min. Al principio se presta atención a la amplitud de los giros de la pelvis, luego al aumento del ritmo del movimiento sin que se pierda la amplitud. Dib. 180.

9 Tumbado sobre la espalda con los brazos separados lateralmente y piernas juntas colocados al lado (el ángulo entre el tronco y las piernas es de 90°), contando 1-2 levantar las piernas y bajarlas al otro lado del tronco, contando 3-4; volverlas a la posición inicial. El ejercicio se efectúa a ritmo lento, las piernas se mantienen rectas y el tronco no se gira hacia el lado del movimiento de las piernas. Dib. 181.

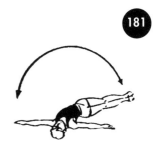

10 De pie con apoyo sobre media punta, realizar giros de la pelvis alrededor del eje vertical sin doblar las piernas por las articulaciones de rodilla. Efectuar los movimientos de los brazos imitando a éstos durante la marcha deportiva. Dib. 182.

11 De pie manteniendo el palo al nivel de la cintura (la presa del palo a nivel de la anchura de la pelvis), efectuar marcha deportiva tratando de alcanzar el palo con el muslo durante cada paso (mantener el palo inmóvil). El ritmo de ejecución es lento. Dib. 183.

12 De pie con los brazos colocados detrás de la espalda, se realiza marcha deportiva a ritmo lento recorriendo la distancia de 150-200 m. El ejercicio se efectúa alternando la posición fija de los brazos con los movimientos de los mismos por su amplitud normal. Dib. 184.

CAPÍTULO VIII

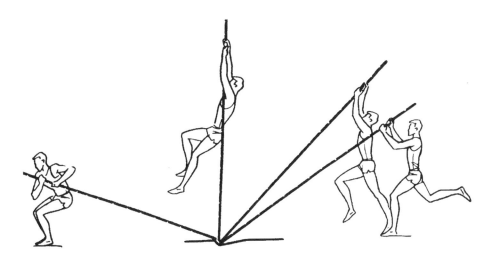

Ejercicios de iniciación y específicos en las modalidades acíclicas de atletismo

EJERCICIOS DE INICIACIÓN Y ESPECÍFICOS PARA LOS SALTOS DE LONGITUD Y TRIPLE

1 Saltos de longitud desde el mismo sitio con el impulso de una pierna y el lanzamiento activo de la otra. El impulso debe coincidir con el final del lanzamiento. El aterrizaje se efectúa sobre dos piernas lanzándolas hacia adelante. Dib. 185.

2 Saltos de longitud desde el mismo sitio con el impulso de las dos piernas. Controlar el estiramiento completo del tronco y el balanceo de los brazos. El aterrizaje se realiza sobre las dos piernas con un lanzamiento de éstas hacia adelante. Dib. 186.

3 Saltos desde una pequeña carrera de impulso alcanzado con rodilla, cabeza, hombro y brazo un objeto colgado y manteniendo la posición del movimiento "en paso". Durante la ejecución del ejercicio, el saltador debe intentar mantener el ritmo correcto de los pasos de carrera y la posición "en paso". Dib. 187.

4 Salto de longitud con una carrera de impulso pequeña y mediana y con impulso sobre trampolín gimnástico. Al efectuar el salto es necesario tratar de mantener el ritmo de

los últimos pasos de carrera al igual como durante un salto normal. Dib. 188.

5 Salto de valla bajando la pierna de balanceo y pasando la pierna de impulso hacia adelante (cambio de posición de las piernas) con posterior pequeña carrera. Este ejercicio aumenta el ángulo de impulso y ayuda a la asimilación del salto "tijeras". Dib. 189.

6 Balanceos en la suspensión en las anillas gimnásticas. El ejercicio ayuda al aprendizaje del lanzamiento de las piernas durante el aterrizaje. Dib. 190.

7 Salto doble (brinco-paso) desde una corta carrera de impulso. Sobre el lugar del segundo impulso a veces se coloca el trampolín gimnástico. La posición del tronco, la colocación de la pierna durante el impulso, el balanceo de la pierna y los movimientos de los brazos son iguales a los de un salto triple con carrera de impulso. Dib. 191.

8 Salto doble (paso-salto) con una pequeña carrera de impulso. Sobre el lugar del segundo impulso a veces se recomienda instalar el trampolín gimnástico. La posición del tronco, la colocación de la pierna durante el impulso, el balanceo de la pierna y los movimientos de los brazos son iguales a los de un salto triple con carrera de impulso. Dib. 192.

9 Salto triple completo. El primer impulso se efectúa desde el suelo, el segundo, sobre el trampolín gimnástico y el tercer impulso, desde el trampolín más grande. Durante la ejecución de este ejercicio, las fases de vuelo serán más grandes que durante un salto normal, lo que mejora las posibilidades para coordinar los movimientos. La posición del tronco, colocación y balanceos de las piernas deben ser similares a las formas de los movimientos del saltador en condiciones normales. Dib. 193.

10 Salto triple desde el mismo sitio. El impulso principal se efectúa desde una superficie elevada de 30 cm a 1 m. El salto se realiza al igual que un salto desde el mismo sitio.

11 Salto triple. El primer impulso se efectúa con dos piernas desde una superficie elevada de 50 hasta 100 cm, el segundo impulso se realiza con la pierna de impulso, el tercero, con la pierna de balanceo desde la superficie elevada a 50 cm. El aterrizaje es sobre una pierna o sobre las dos en un pozo de arena. Se recomienda efectuar el segundo impulso sobre una superficie blanda (colchoneta gimnástica, arena, etc.). Dib. 194.

12 El mismo ejercicio que el anterior, pero el impulso se efectúa con las dos piernas.

13 Salto triple con una carrera de impulso de 28 pasos, saltando por encima de vallas bajas. Los obstáculos pueden ser de diferente altura.

EJERCICIOS ESPECÍFICOS PARA LOS SALTOS DE LONGITUD Y TRIPLE
Ejercicios para el desarrollo de la fuerza y rapidez

1 Saltitos sobre dos piernas. El ejercicio se efectúa sin doblar las piernas por las articulaciones de la rodilla impulsándose solamente con la planta de pie.

2 Desde la suspensión sobre las espalderas subir las piernas hasta tocar la barra por encima de la cabeza con los pies.

3 Multisaltos de una pierna sobre la otra. El tronco permanece ligeramente inclinado hacia adelante. Durante el impulso, la pierna se coloca recta con apoyo sobre toda la planta y se mueve activamente hacia

abajo-atrás. La otra pierna hace un amplio lanzamiento hacia adelante-arriba. El final del balanceo debe coincidir con el impulso. Los brazos efectúan un balanceo detrás de la espalda hacia adelante-arriba. Dib. 195.

4 Saltos múltiples sobre dos piernas por encima de las vallas. La flexión de las piernas durante el impulso debe ser mínimo. Al pasar por encima de la valla el tronco permanece recto; las piernas dobladas en las rodillas suben hacia el pecho; el balanceo de los brazos se hace por detrás de la espalda en dirección adelante-arriba.

5 Saltos desde la posición de cuclillas profundas y semicuclillas con el impulso de las dos piernas. Al efectuar el ejercicio se ha de controlar el estiramiento completo del tronco y de las piernas.

6 Saltos hacia arriba desde la posición de pie con apoyo sobre una pierna en el banco gimnástico.

7 El balanceo con la pierna doblada desde la posición de pie se realiza sobre una superficie elevada a 30-50 cm. Durante la ejecución del ejercicio se ha de controlar que el peso de la cadera recaiga sobre la pierna de apoyo y el tronco no se incline hacia atrás. Dib. 196.

196

8 Extensión de la pierna de impulso desde la posición de pie de espaldas a las espalderas, sujetándose con los brazos a la barra. La pierna de balanceo está doblada por la articulación de rodilla realizando un ángulo recto. Cambiar la posición de las piernas.

9 De pie, de costado a las espalderas y sujetándose con el brazo sobre la barra (el peso del cuerpo permanece sobre la pierna de balanceo doblada, cuando la pierna de impulso está ligeramente elevada), empujarse con la pierna de balanceo y apoyarse rápidamente sobre la pierna de impulso, siguiendo el movimiento de la pierna de balanceo hacia adelante-arriba.

10 De pie de cara a las espalderas y sujetándose la barra subir sobre la media punta de la pierna colocada hacia adelante; la otra pierna, con un enérgico movimiento "saca" la pelvis hacia adelante. Dib. 197.

11 Con apoyo de los brazos sobre las espalderas efectuar saltos de una pierna a la otra, sobre las dos piernas, saltos hacia arriba desde la posición de cuclillas y flexiones de las piernas aguantando el peso del compañero sentado sobre sus hombros.

EJERCICIOS DE INICIACIÓN Y ESPECÍFICOS PARA EL SALTO DE ALTURA

Ejercicio para el desarrollo de la fuerza

1 Saltos desde la posición inicial de pie con apoyo de la pierna de impulso sobre un apoyo de 50-60 cm de altura. Prestar atención al trabajo de la pierna de ataque. El ejercicio puede ser efectuado con y sin sobrecarga (pesas de 20-30 kg). Dib. 198.

2 Saltos sobre una y dos pierna con carga adicional (barra de halterofilia, saco con arena, etc.). Dib. 199.

3 Desde la posición sentado de costado sobre el caballo gimnástico, efectuar flexión hacia abajo girando el tronco de cara al suelo y tocando éste con las manos. Dib. 200.

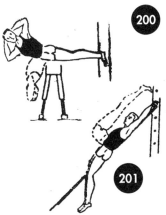

4 Tocar las manos con las piernas desde la posición tumbado sobre un banco gimnástico inclinado. Dib. 201.

5 Cambio de la posición de las piernas desde la posición sentado sobre el banco gimnástico; la pierna derecha recta está elevada hacia arriba. Dib. 202.

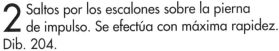

Ejercicios para el desarrollo de la velocidad

1 Saltos sobre una superficie inclinada. Se efectúa con apoyo sobre una pierna por una superficie descendente y ascendente. El impulso se realiza con máxima rapidez. Dib. 203.

2 Saltos por los escalones sobre la pierna de impulso. Se efectúa con máxima rapidez. Dib. 204.

3 Golpes a la pelota colgada a una altura de 40-50 cm desde una posición inicial con la pierna de impulso colocada adelantada y la de ataque hacia atrás. Dib. 205.

4 Saltos tratando de alcanzar un objeto colgado a una altura importante con la cabeza, el brazo y con la pierna de ataque. Dib. 206 A, 206 B, 206 C.

5 Saltos por encima de las vallas con impulso de una y dos piernas. Dib. 207.

6 Saltos por encima de la barra. El impulso se efectúa sobre una superficie elevada a unos 30-40 cm. Dib. 208.

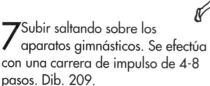

7 Subir saltando sobre los aparatos gimnásticos. Se efectúa con una carrera de impulso de 4-8 pasos. Dib. 209.

8 Saltos diversos con la cuerda.

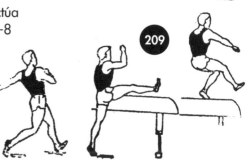

9 Balanceos con la pierna estando de costado a las espalderas. Prestar atención al movimiento de la pelvis hacia adelante y al mantenimiento de la pierna de impulso recta. Dib. 210.

EJERCICIOS DE INICIACIÓN DIRIGIDOS A LA ASIMILACIÓN DE LA TÉCNICA DEL SALTO DE ALTURA CON CARRERA DE IMPULSO

1 Balanceo alto de la pierna con la colocación rápida de la otra pierna sobre el suelo. Dib. 211.

2 Saltos por encima de la barra colocada a una altura de fácil superación. El ejercicio se efectúa con una carrera de impulso lateral y recta. Dib. 212.

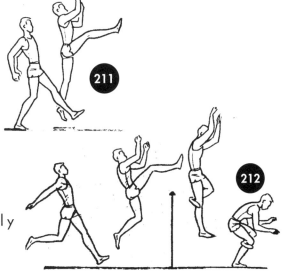

3 Acercamiento de la pierna de impulso con la planta de pie hacia la rodilla, a la pierna de ataque desde la posición inicial de pie con las piernas ligeramente separados. Dib. 213.

4 Subida con salto sobre la mesa gimnástica con una carrera de impulso de 5-8 pasos adoptando la siguiente posición: la planta de pie de la pierna de impulso toca la rodilla de la pierna de ataque.

5 Salto por encima de la barra, pared, etc., con una carrera de impulso de 5-8 pasos con apoyo sobre el brazo homónimo a la pierna de impulso. El impulso se realiza con una pierna. Dib. 214.

6 Subir la planta del pie de la pierna de impulso hacia el muslo, la rodilla está separada lateralmente; al tiempo que se estira la pierna, la punta del pie se gira hacia afuera. Dib. 215.

7 Salto por encima del caballo gimnástico, barra, etc., con apoyo sobre dos brazos. Dib. 216.

8 Tumbado boca abajo sobre la barra de equilibrio subir la pierna de impulso acercando la planta de pie hacia el muslo y girando la rodilla hacia afuera. Estirando la pierna de impulso girar la rodilla y la punta de pie hacia afuera, bajando de la barra de equilibrio. Dib. 217.

9 Saltos de tipo ventral: el tronco se mantiene verticalmente antes de la barra y horizontalmente sobre la barra. Dib. 218.

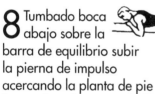

EJERCICIOS DE INICIACIÓN Y ESPECÍFICOS EN LOS SALTOS CON PÉRTIGA

EJERCICIOS DE INICIACIÓN DIRIGIDOS A LA ASIMILACIÓN DE LA TÉCNICA DEL SALTO CON PÉRTIGA

1 Salto de longitud con pértiga desde solamente un paso y con empuje de la pierna de impulso atravesando una zanja de 80-120 cm o desde una superficie elevada hacia la otra, también elevada. Se efectúa con una presa de pértiga a nivel de la cabeza del deportista. Después del impulso se efectúa el movimiento de balanceo con las piernas. El aterrizaje se realiza sobre dos piernas simultáneamente sin ningún giro del cuerpo. Dib. 219.

2 Entrada sobre la pértiga desde un paso y empujándose con la pierna de impulso (sin perder el contacto con el suelo). Se efectúa con un movimiento de los brazos desde la cara hacia adelante-arriba, balanceando simultáneamente la pierna derecha (en dirección arriba-adelante-abajo) hasta tocar el suelo con la punta de pie. Dib. 220.

3 Llevar la pértiga hasta el apoyo. Se efectúa con un movimiento de los brazos que sujetan la pértiga hacia adelante y arriba hasta alcanzar el nivel de los ojos y haciendo simultáneamente un paso adelante con la pierna de ataque. Los posteriores movimientos se realizan al igual que en el ejercicio anterior. Dib. 221.

4 Carrera con pértiga. Mantener la pértiga lateralmente, con ambos brazos doblados; el brazo derecho está ligeramente apartado hacia atrás. El extremo delantero de la pértiga se mantiene al nivel de los ojos. Al final de la carrera el extremo delantero de la pértiga se baja hasta tocar el suelo y en los últimos dos pasos, se baja hacia adelante al igual como en el ejercicio anterior. Dib. 222.

5 Salto de longitud con pértiga sin giro del cuerpo. Llevar la pértiga con ambos brazos que la sujetan con una presa normal; bajarla hasta el apoyo sobre la arena (foso para los saltos de longitud). Este ejercicio ayuda a juntar los movimientos asimilados anteriormente en una unidad conjunta y también, contribuye a la ejecución de la salida con la pértiga. Dib. 223.

6 Salto con pértiga con una carrera de impulso (2-4-6 pasos) bajando la pierna de ataque hasta tocar con la punta de pie la superficie elevada. El ejercicio ayuda a la asimilación del descenso oportuno de la pierna de ataque para la realización de una suspensión inicial y, asimismo, para precisar los movimientos durante la salida sobre la pértiga con el fin de asegurar el equilibrio. Dib. 224.

7 Salto de longitud con pértiga efectuando la suspensión sobre un brazo. Se aplica para corregir el error relacionado con una subida prematura sobre los brazos. Dib. 225.

8 Salto de longitud con pértiga con elevación de las rodillas hasta el nivel de las manos e inclinación del tronco hacia atrás. Dib. 226.

9 Salto de longitud con pértiga inclinando el tronco hacia atrás y girándolo a 180°. Saltar con carrera de impulso de 6-8-10 pasos. Dib. 227.

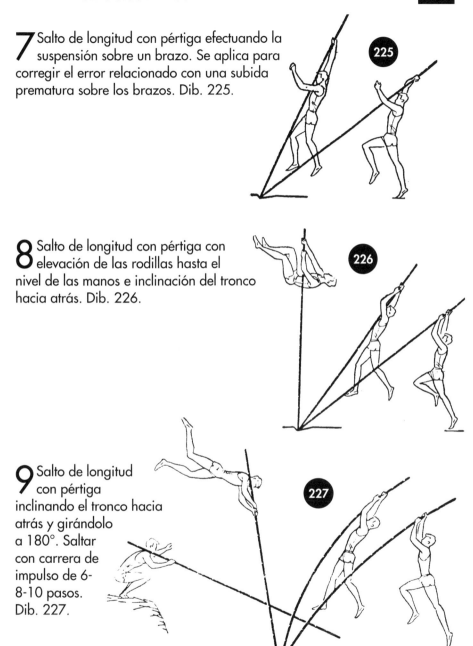

10 Salto con pértiga realizando el giro de 180° alrededor de la misma y con el posterior aterrizaje sobre el lugar de impulso. Dib. 228.

11 Salto con pértiga con o sin barra de altura colocada a unos 60-100 cm desde el lugar del apoyo de la pértiga. Se ha de subir hasta el apoyo sobre la pértiga con brazos ligeramente doblados. Dib. 229.

12 Salto con pértiga por encima de la barra colocada en una distancia normal del lugar de apoyo de la pértiga. Al principio, el ejercicio se efectúa con el apoyo de la pértiga sobre la arena. Posteriormente, tras la asimilación correcta de los movimientos, la pértiga se coloca en la caja de apoyo. Dib. 230.

13 Colocar la pértiga en la caja de apoyo, cogerla con agarre habitual estando de espaldas hacia el apoyo (como en una suspensión normal), subir la pierna derecha doblada hasta el nivel de la pértiga y doblar la pértiga con una fuerte y rápida flexión de los brazos en combinación con la extensión de la pierna derecha. En el momento de la extensión de la pértiga, realizar rápidamente el giro de 180° grados. Dib. 231.

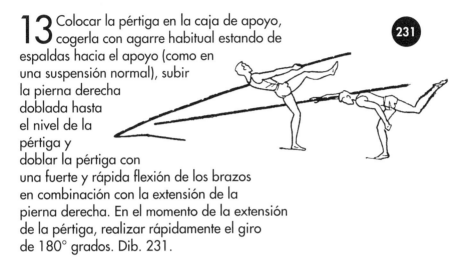

14 Salida sobre la pértiga. Colocar el extremo inferior de la pértiga en la caja de apoyo y subir el superior sobre la cabeza. Sujetar la pértiga con agarre habitual. El ejercicio se efectúa con el movimiento de los brazos con balanceo simultáneo de la pierna derecha (bajo estas acciones la pértiga deberá doblarse). La pierna izquierda (la de impulso) no se separa del suelo. Dib. 232.

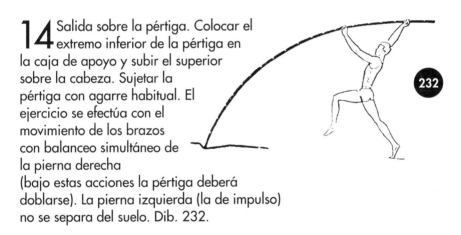

    Es conveniente efectuar los siguientes ejercicios especiales con la pértiga de fibra sintética con una caja de apoyo transportable que debe estar colocada dentro de los límites del foso de arena a una distancia de 1 m de su parte delantera.

    Durante la primera etapa de asimilación de la técnica del salto con pértiga de fibra sintética es necesario colocar la caja de apoyo en la arena a una profundidad de 30-50 cm, disminuyendo gradualmente la hondura hasta la normal (20 cm).

15 Doblar la pértiga durante "la salida" sobre sí misma. Coger la pértiga con un agarre habitual (las manos separadas en una distancia de 50-70 cm una de la otra), realizar una carrera de impulso de 7-9 pasos y bajar la pértiga a la caja de apoyo subiendo simultáneamente la pierna derecha e impulsándose con la izquierda, tratando de doblar la pértiga con una presión firme del brazo izquierdo y potente entrada sobre ésta. El aterrizaje se efectúa sobre ambas piernas sin pasar la línea de apoyo de la pértiga. Dib. 233.

16 Entrada sobre la pértiga con una carrera de 9-11-15 pasos. Doblar la pértiga con el impulso de la pierna izquierda y apoyo del brazo izquierdo, subiendo las pierna hasta el nivel de las manos. Dib. 234.

17 El mismo ejercicio que el anterior, pero la entrada se efectúa echando el tronco hacia atrás (para un mejor equilibrio la pértiga se mantiene a nivel de la línea mediana del cuerpo). Dib. 235.

18 El mismo ejercicio que el anterior, pero en el momento de enderezamiento de la pértiga se ha de extender activamente el tronco con el giro simultáneo del mismo a la izquierda. Dib. 236.

EJERCICIOS ESPECÍFICOS PARA EL SALTADOR CON PÉRTIGA

Ejercicios para el desarrollo de fuerza

1 En apoyo horizontal extender los brazos y al final de su completo enderezamiento empujarse con las puntas de los pies, subiendo al mismo tiempo la pelvis hacia arriba. Dib. 237.

2 En suspensión sobre una cuerda, barra, etc., con agarre mixto, subir las piernas acercando las rodillas hacia las manos. Dib. 238.

3 Realizar molinos en barra fija sin tocar la barra. El ejercicio se efectúa por series con 2-4 repeticiones en cada una. Dib. 239.

4 Dominación a fuerza con brazos flexionados en el apoyo en barra fija o anillas. El ejercicio se realiza por series con 3-8 repeticiones en cada una. Dib. 240.

5 En apoyo vertical invertido sobre el suelo, paralelas, etc. realizar flexiones y extensiones de los brazos. Dib. 241.

6 En apoyo vertical invertido sobre caballo gimnástico, valla u otro aparato elevado y con piernas sujetas por un compañero, efectuar flexiones y extensiones de los brazos. Al final de la extensión de los brazos subir la pelvis hacia arriba. Dib. 242.

7 Saltos hacia arriba-adelante desde una carrera de 4-6-8 pasos y tocando con la cabeza un objeto colgando. Dib. 243.

8 Extensión de los brazos con su apoyo sobre la cuerda; la pierna de impulso se coloca sobre un aparato elevado. Dib. 244.

9 Desde la suspensión realizar dominación en el apoyo invertido sobre una pértiga asegurada firmemente. La pierna de impulso está sujeta en el lazo de una cuerda pasada por un rodillo. El ejercicio se efectúa con el movimiento de balanceo de la pierna libre con ayuda del compañero que sujeta el extremo libre de la cuerda. El deportista realiza la dominación con la fuerza de los brazos tratando de adoptar la posición de apoyo sobre la pértiga. Dib. 245.

10 Subida del cuerpo flexionando la espalda por la región lumbar y manteniendo los brazos rectos por encima de la cabeza. El ejercicio se efectúa con apoyo sobre el caballo gimnástico con ayuda del compañero o con los pies sujetos a las espalderas. Dib. 246.

11 Elevación simultánea de las piernas y los brazos desde la posición tumbado boca abajo. Dib. 246A.

12 Subida con salto sobre una superficie elevada (banco gimnástico, etc.) desde 4-6 pasos de carrera. Pisar la superficie elevada con la planta de pie de la pierna recta. Dib. 247.

13 Flexión y extensión de los brazos en apoyo sobre las paralelas durante los balanceos hacia adelante y hacia atrás. Dib. 248.

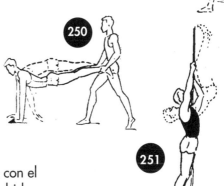

14 Saltitos con una pierna sobre un banco gimnástico inclinado un ángulo de 15-20°. Dib. 249.

15 Pasos o saltos con los brazos en apoyo horizontal. El compañero sujeta los pies del deportista. Dib. 250.

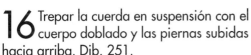

16 Trepar la cuerda en suspensión con el cuerpo doblado y las piernas subidas hacia arriba. Dib. 251.

Ejercicios de desarrollo de la rapidez

1 Carrera con pértiga de 40-50 m con aceleraciones. La pértiga se sujeta con el brazo derecho en agarre cubital y con el brazo izquierdo en agarre palmar que se sitúa unos 60-70 cm más abajo. El extremo delantero de la pértiga está elevado hasta el nivel de la cabeza y ligeramente separado hacia la izquierda. Los brazos están doblados. Durante la carrera se ha de prestar atención a los movimientos libres de los hombros y el tronco. Dib. 252.

2 Carrera con pértiga al igual como en el ejercicio anterior en combinación con la bajada de ésta hasta el apoyo en el suelo.

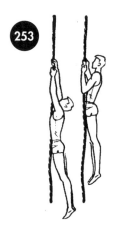

3 Carrera con pértiga de 20-30 m uno por uno o por grupos (2-3 personas) tomando el tiempo de la carrera.

4 En suspensión sobre anillas, cuerda, etc., sujetándose con agarre mixto, doblar y extender los brazos. El ejercicio se efectúa por series de 3-6 repeticiones de cada una tomando el tiempo de ejecución de cada serie. Dib. 253.

5 Desde la suspensión en barra fija en agarre mixto realizar la dominación adelante con el cuerpo y brazos extendidos volteando hacia atrás hasta adoptar la posición en apoyo. Se efectúa tomando el tiempo de ejecución del ejercicio. Dib. 254.

6 Elevación de las piernas desde la suspensión sobre la cuerda con el balanceo hacia adelante-arriba hasta tocar las manos con las rodillas. El ejercicio se efectúa por series de 3-6 repeticiones cada una tomando el tiempo de ejecución de cada serie. Dib. 255.

7 Salto hacia adelante-arriba desde la carrera de 10-12-14 pasos. El impulso se efectúa con velocidad máxima bajando la pierna de ataque. Dib. 256.

Ejercicios para el desarrollo de la destreza y la flexibilidad

1 Realizar el apoyo vertical invertido sobre el suelo, paralelas u otro apoyo.

2 Efectuar pasos con apoyo sobre los brazos, en apoyo vertical invertido sobre el suelo, las paralelas, escalera u otro apoyo. Dib. 257.

3 Saltos mortales y flic-flac hacia adelante y atrás. Dib. 258.

4 Rodar hacia atrás al apoyo invertido y bajar rápidamente las piernas. Dib. 259.

5 Saltos con ayuda de la cuerda o pértiga colgada superando la barra o sin la misma. Los brazos se sujetan sobre la cuerda (pértiga) con una separación de 5-10 cm uno del otro. Con un balanceo de la pierna derecha en combinación con la flexión de los brazos, elevar el tronco lo más arriba posible y girar hacia la izquierda unos 180°. Dib. 260.

6 El mismo ejercicio que el anterior, pero se debe efectuar con la carrera de impulso de 4 pasos y cogiendo la cuerda (pértiga) durante el penúltimo paso.

7 Dislocaciones en la suspensión sobre las anillas. Dib. 261.

8 Flexiones hacia atrás por la parte dorsal de la espalda durante el balanceo hacia adelante en la suspensión sobre la barra fija o anillas. Dib. 262.

9 Realizando el balanceo hacia adelante, hacer salida con el giro de 180° de la barra fija o anillas. Dib. 263.

10 Salto de caballo pasando por encima de una valla (con la carrera de impulso de 4-6 pasos). Dib. 264.

11 El mismo ejercicio que el anterior, pero sin superar la valla. El impulso de la pierna se realiza desde el trampolín gimnástico; los brazos se apoyan sobre la mesa gimnástica. Dib. 265.

12 Saltos hacia adelante. Durante un salto se efectúa dos-dos y medio giro de los brazos. Dib. 266.

266

13 Apoyo vertical invertido sobre los brazos semidoblados. Bajando rápidamente las piernas hacia abajo, estirar los brazos, dejando la pelvis arriba y subiendo la mano izquierda arriba hacia la cabeza. Dib. 267.

267

268

14 Desde la suspensión en las paralelas realizar la dominación al apoyo subiendo las piernas durante el balanceo hacia atrás. Dib. 268.

15 Saltos de longitud con ayuda de una cuerda. Estirar los más lejos posible la cuerda hacia atrás y sujetarse con los brazos a ésta lo más alto posible. Efectuar la carrera de impulso de 2-3 pasos; impulsarse subiendo las pierna hasta adoptar el ángulo recto y al final del balanceo efectuar la salida lanzando fuertemente las piernas hacia adelante.

Ejercicios para asimilar la técnica de los saltos con pértiga

1 Colocar verticalmente la pértiga y sujetarla con el brazo derecho extendido; efectuar el paso hacia atrás y coger la pértiga con el brazo izquierdo por debajo del derecho con una separación de 30-40 cm. Estando de pie, tratar de tocar la pértiga con el pecho subiendo la rodilla de la pierna de ataque de la misma manera que durante el salto de longitud con carrera de impulso. Dib. 269.

269

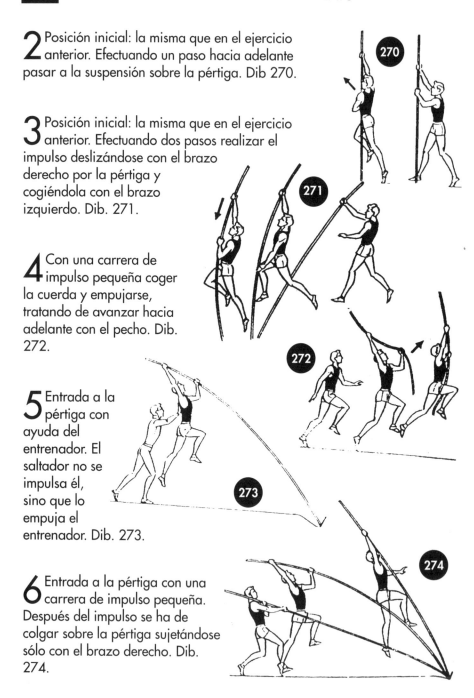

2 Posición inicial: la misma que en el ejercicio anterior. Efectuando un paso hacia adelante pasar a la suspensión sobre la pértiga. Dib 270.

3 Posición inicial: la misma que en el ejercicio anterior. Efectuando dos pasos realizar el impulso deslizándose con el brazo derecho por la pértiga y cogiéndola con el brazo izquierdo. Dib. 271.

4 Con una carrera de impulso pequeña coger la cuerda y empujarse, tratando de avanzar hacia adelante con el pecho. Dib. 272.

5 Entrada a la pértiga con ayuda del entrenador. El saltador no se impulsa él, sino que lo empuja el entrenador. Dib. 273.

6 Entrada a la pértiga con una carrera de impulso pequeña. Después del impulso se ha de colgar sobre la pértiga sujetándose sólo con el brazo derecho. Dib. 274.

7 Coger la pértiga. Los movimientos de los brazos se desempeñan paralelamente mientras la pértiga permanece lateralmente. Con dos pasos de carrera colocar la pértiga sobre el apoyo. Dib. 275.

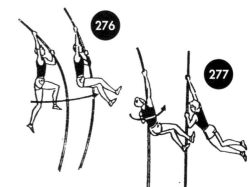

8 Impulsarse desde 4-6 pasos de carrera pasando a la suspensión sobre la pértiga. El agarre se realiza unos 20-30 cm más abajo que la normal. Después de que la pértiga pasa el nivel vertical, lanzar ambas piernas hacia adelante. Dib. 276.

9 El mismo ejercicio que el anterior, pero al final del movimiento de balanceo girar a la izquierda unos 180° de cara a la carrera de impulso. Dib. 277.

10 El ejercicio sobre una cuerda o pértiga colgada. Con una pequeña carrera de impulso saltar sobre la cuerda, lanzar las piernas hacia arriba-adelante con posterior giro hacia la izquierda. Lo mismo se puede hacer superando una barra. Dib. 278.

11 Durante el salto con pértiga con una pequeña carrera de impulso efectuar un balanceo tratando de alcanzar con las piernas el extremo superior de la pértiga. Dib. 279.

12 Colocar la pértiga sobre el apoyo, volverse de cara a su extremo superior manteniéndolo a la izquierda. Con apoyo de la pierna izquierda, lanzar la pierna derecha y girar al mismo tiempo hacia el lado izquierdo, tratando de no bajar la pierna derecha. Dib. 280.

13 Apoyo vertical invertido sobre una silla con rodillas dobladas. Bajando las piernas y estirando los brazos, pasar por encima del respaldo de la silla. Efectuar lo mismo, pero por encima de la valla o barra empujándose con los brazos del banco gimnástico. Dib. 281.

14 Rodar hacia atrás del apoyo vertical invertido. Lo mismo, por encima de la barra. Dib. 282.

15 Con una carrera de impulso empujarse del banco gimnástico u otro aparato y saltar la barra. Dib. 281.

16 Salto de barra desde la pértiga instalada fija. Dib. 284.

17 Estando de pie sobre la zona de impulso y colocando la pértiga en la caja de apoyo, realizar el apoyo sobre el brazo izquierdo sujetando la pértiga con el brazo derecho. Torcer la pértiga pasando hacia adelante con el pecho y la pelvis. Dib. 285.

18 Aumentando gradualmente la carrera de impulso y la altura de la presa, frenar el movimiento de la pelvis en el momento del paso de la vertical y subir las piernas adelante "al ángulo". Dib. 286.

19 Tumbado sobre el suelo, subir y estirar las piernas. Junto con las piernas elevar la pelvis colocándose en el apoyo sobre omóplatos. Dib. 287.

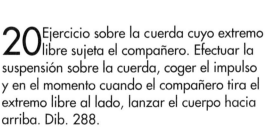

20 Ejercicio sobre la cuerda cuyo extremo libre sujeta el compañero. Efectuar la suspensión sobre la cuerda, coger el impulso y en el momento cuando el compañero tira el extremo libre al lado, lanzar el cuerpo hacia arriba. Dib. 288.

21 Tras realizar la carrera de impulso con pértiga, entrar sobre la misma y después de la máxima flexión de la pértiga lanzar el cuerpo hacia adelante. Pasando con la pértiga la vertical, bajar las piernas y aterrizar. Dib. 288A.

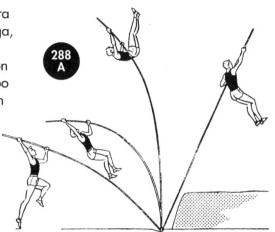

EJERCICIOS DE INICIACIÓN Y ESPECÍFICOS EN LOS LANZAMIENTOS DE JABALINA

EJERCICIOS DE INICIACIÓN DIRIGIDOS A LA ASIMILACIÓN DE LA TÉCNICA DE LANZAMIENTO DE LA JABALINA

1 Imitación del impulso del brazo durante el lanzamiento de jabalina. Es conveniente efectuar este ejercicio con pesas. Dib. 289.

2 El mismo ejercicio, pero con jabalina que al final del movimiento se apoya sobre la pared. En el momento del movimiento hacia atrás de la jabalina, la mano se desliza por el asta hacia adelante. Dib. 290.

3 Imitación del impulso para el lanzamiento sujetando una goma, cuerda, etc., atada a la pared. Dib. 291.

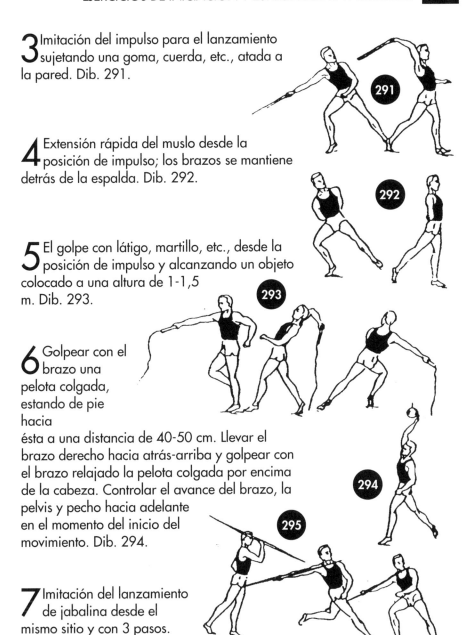

4 Extensión rápida del muslo desde la posición de impulso; los brazos se mantiene detrás de la espalda. Dib. 292.

5 El golpe con látigo, martillo, etc., desde la posición de impulso y alcanzando un objeto colocado a una altura de 1-1,5 m. Dib. 293.

6 Golpear con el brazo una pelota colgada, estando de pie hacia ésta a una distancia de 40-50 cm. Llevar el brazo derecho hacia atrás-arriba y golpear con el brazo relajado la pelota colgada por encima de la cabeza. Controlar el avance del brazo, la pelvis y pecho hacia adelante en el momento del inicio del movimiento. Dib. 294.

7 Imitación del lanzamiento de jabalina desde el mismo sitio y con 3 pasos. Dib. 295.

8 Lanzamiento de la jabalina, pelotas, piedras desde el mismo sitio de cara a la dirección del lanzamiento (el peso de la pelota es de 200-300 g). Dib. 296.

9 El mismo ejercicio que el anterior, pero estando de costado a la dirección del lanzamiento. Dib. 297.

10 Imitación del paso cruzando las piernas. Dib. 298.

11 Lanzamiento de la jabalina con tres pasos. La jabalina se mantiene en posición de impulso; la pierna izquierda se coloca adelante. Dib. 299.

12 Imitación de la separación de la jabalina en posición de impulso durante los pasos, carrera o desde el mismo sitio. Dib. 300.

13 Carrera con jabalina sujeta por encima del hombro. Dib. 301.

14 Carrera con jabalina manteniéndola en posición de impulso. Dib. 302.

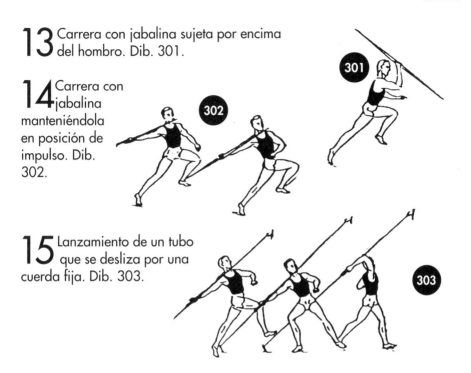

15 Lanzamiento de un tubo que se desliza por una cuerda fija. Dib. 303.

EJERCICIOS ESPECÍFICOS DEL LANZADOR DE JABALINA

Ejercicios para el desarrollo de la fuerza

1 Elevación de la barra con discos desde la posición inicial con las piernas separadas en el plano anteroposterior y la pierna derecha hacia adelante. Con el paso de la pierna izquierda subir rápidamente la barra hacia arriba-atrás. Controlar el movimiento de la cabeza hacia adelante y la flexión de la parte dorsal de la columna vertebral. Bajando la barra al apoyo sobre los hombros, realizar el paso de la pierna izquierda hacia atrás. Dib. 304.

2 Con el paso de la pierna izquierda hacia adelante llevar los brazos hacia atrás desde la posición con la barra sujeta por encima de la cabeza con brazos rectos. Dib. 305.

3 Estiramiento de los brazos con barra de discos hacia arriba-adelante desde la posición inicial con la barra sujeta por encima de la cabeza, brazos doblados, con los codos separados a nivel de la anchura de los hombros. Dib. 306.

4 Lanzamientos del peso con dos brazos desde abajo hacia adelante. Las piernas se colocan a nivel de anchura de los hombros. Coger el peso con dos brazos. Doblar las piernas y bajar el peso hacia abajo-atrás. Estirando rápidamente las piernas lanzar el peso hacia adelante-arriba. Dib. 307.

5 Lanzamientos del peso con dos brazos hacia atrás por encima de la cabeza. Las piernas se separan al nivel de la anchura de los hombros. Coger el peso con dos brazos. Doblar las piernas y bajar el peso. Subiendo rápidamente lanzar el peso hacia atrás por encima de la cabeza. Prestar atención al estiramiento rápido de las piernas, a la flexión hacia atrás en la parte dorsal de la columna vertebral el momento del lanzamiento y al movimiento del peso. Dib. 308.

6 Lanzamiento del peso por detrás de la cabeza con uno y dos brazos. Posición inicial: las piernas separadas en el plano anteroposterior con el pie izquierdo por delante. Llevar el peso detrás de la cabeza y lanzarlo rápidamente hacia adelante. Durante el lanzamiento no separar los codos lateralmente. Prestar atención al trabajo consecutivo de las piernas, tronco y brazos. Efectuar el mismo ejercicio con 3 pasos previos y con una carrera de impulso pequeña. Dib. 309.

7 Lanzamiento del peso con dos brazos hacia abajo lanzando por detrás de la cabeza. Los pies separados a nivel de anchura de los hombros, el peso se mantiene por encima de la cabeza. Efectuar la flexión y lanzar rápidamente el aparato hacia abajo-adelante. Dib. 310.

8 Rotación del peso a ambos lados. Dib. 311.

9 Cortar con hacha. Dib. 312.

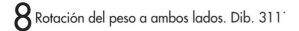

Ejercicios para el desarrollo de la flexibilidad

1 Puente apoyando los brazos sobre el asta de la jabalina. Dib. 313.

2 Desde la posición inicial tumbado boca abajo coger los pies con las manos y realizar balanceos hacia adelante y atrás. Dib. 314.

3 Flexiones hacia atrás en la parte dorsal de la columna vertebral desde la posición inicial apoyo vertical invertido. Las piernas del deportista están sujetas por el compañero. Dib. 315.

4 Flexiones hacia atrás estando de espaldas a las espalderas a una distancia de un paso de éstas. Los brazos se apoyan sobre las barras bajando lentamente hasta el suelo. Dib. 316.

5 En posición de cuclillas a un paso de las espalderas y sujetándose sobre la barra con brazos rectos, estirar las piernas flexionándose hacia atrás. Dib. 317.

6 El mismo ejercicio, pero con la pierna izquierda adelantada. Dib. 318.

7 Colocándose con el costado derecho junto a las espalderas, coger la barra a nivel de la cintura y doblar la pierna derecha. Estirando la pierna y flexionando hacia atrás girar hacia la izquierda. Dib. 319.

8 Movimientos circulares del tronco y piernas desde la posición inicial tumbado sobre la espalda y sujetándose con los brazos a la barra inferior de las espalderas. Dib. 320.

9 Movimientos circulares del tronco. Dib. 321.

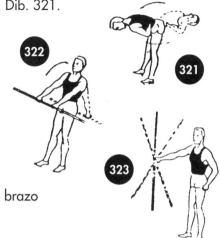

10 Paso de la jabalina desde adelante hacia atrás sujetándola con brazos rectos. Dib. 322.

11 Rotaciones de la jabalina en el plano facial manteniéndola con brazo recto y agarre firme. Dib. 323.

EJERCICIOS DE INICIACIÓN Y ESPECÍFICOS PARA LOS LANZADORES DE DISCO

EJERCICIOS DE INICIACIÓN DIRIGIDOS A LA ASIMILACIÓN DE LA TÉCNICA DE LANZAMIENTO DE DISCO

1 Rotación del disco. Estando de cara a la dirección del lanzamiento, soltar el disco del dedo índice. Dib. 324.

2 Lanzamiento del disco hacia arriba. Se ejecuta desde la posición inicial con piernas separadas a nivel de la anchura de los hombros. Soltar el disco del dedo índice en perpendicular hacia la tierra. Dib. 325.

3 Salto adelante con giro de 180°
desde la posición inicial con la
pierna izquierda hacia adelante.
Subiendo el muslo derecho hacia
arriba, efectuar el salto y aterrizar
sobre la pierna derecha. Dib. 326.

4 Lanzamiento del disco
desde el mismo sitio. Se
efectúa desde las posiciones
iniciales estando de cara y de
costado hacia la dirección del
lanzamiento. Dib. 327.

5 Latigazos. Se efectúa desde la posición
inicial estando de costado hacia la dirección
del latigazo. El movimiento es igual que durante
el lanzamiento del disco desde el mismo sitio.
Dib. 328.

6 Imitación de la entrada al giro desde la
posición inicial estando de espaldas a la
dirección del lanzamiento. Girando sobre la
pierna izquierda hasta la posición de cara
hacia la dirección del lanzamiento, sacar hacia
arriba-adentro la rodilla de la pierna derecha y
colocarla sobre la planta del pie. Luego volver a
la posición inicial. Dib. 329.

7 Imitación de todo el giro.
Efectuar el giro completo
hasta adoptar la posición
inicial para el lanzamiento;
luego volver a la postura del
comienzo de giro. Dib. 330.

8 Giro de 180° efectuado con salto desde la posición inicial con la pierna izquierda hacia adelante. Sacando el muslo derecho hacia adelante, efectuar el salto con giro de 180º y aterrizar sobre la pierna derecha. Dib. 331.

EJERCICIOS ESPECÍFICOS PARA EL LANZADOR DE DISCO

Ejercicios para el desarrollo de la fuerza y rapidez

1 Flexiones con la barra de pesas. Se efectúa desde las siguientes posiciones iniciales:

a) Tumbado de espaldas sobre el banco gimnástico con las piernas sujetas y la barra de pesas sobre los hombros.

b) De pie con las piernas separadas a nivel de la anchura de los hombros, el disco de la barra se mantiene sobre los brazos rectos (el peso del disco es de 5-15 kg). Efectuar flexiones a los lados.

c) De pie con las piernas separadas a nivel de la anchura de los hombros, el disco de la barra se mantiene sobre la espalda (el peso del disco es de 5-20 kg. para mujeres y 30-40 kg para hombres). Flexiones a los lados.

d) De pie con las piernas separadas a nivel de la anchura de los hombros, el disco de la barra se mantiene sobre los hombros (el peso de la barra es de 40-50 kg). Flexiones adelante.

En la mayoría de los casos todas las flexiones se efectúan al principio de la sesión, realizando 2-4 series con 5-8 repeticiones en cada una.

2 Giros con barra de pesas. Se efectúa desde las siguientes posiciones iniciales:

a) De pie con las piernas separadas a nivel de la anchura de los hombros, la barra se mantiene sobre los hombros.

b) Sentado sobre el banco gimnástico con las piernas separadas y la barra de pesas sujeta sobre los hombros.

c) De pie con las piernas separadas a nivel de la anchura de los hombros, la barra se mantiene arriba con los brazos rectos.

d) Sentado con las piernas separadas y la barra de pesas sujeta con los brazos rectos levantados hacia arriba.

e) De pie con las piernas separadas a una distancia que supera la anchura de los hombros, la barra de pesas se mantiene sobre los brazos rectos por delante del cuerpo. Dib. 332.

f) De pie con las piernas separadas a una distancia que supera la anchura de los hombros, la barra se mantiene sobre los brazos rectos extendidos hacia abajo detrás del cuerpo.

g) Sentado sobre el caballo gimnástico u otro aparato con las piernas sujetas a las espalderas, la barra de pesas se mantiene sobre los hombros. Dib. 333.

3 Giros con los discos de la barra de pesas. Se efectúa desde las siguientes posiciones iniciales:

a) De pie con las piernas separadas a una distancia que supera la anchura de los hombros y brazos laterales sujetando los discos. Dib. 334.A.

b) De pie con las piernas separadas a una distancia que supera la anchura de los hombros y brazos estirados hacia adelante-abajo sujetando los discos. Durante la flexión de la pierna derecha, el disco se lleva hacia la derecha. Durante el enderezamiento de la pierna derecha, el disco se lleva hacia adelante-arriba. Durante la flexión de la pierna izquierda, el disco se baja hacia la izquierda.

c) Tumbado, los brazos con los discos separados lateralmente. Dib. 334.B.

4 Arrancada de la barra con discos con un brazo sin impulso de las piernas. Dib. 335.

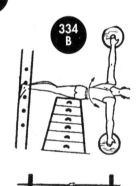

5 Elevación de la barra con un brazo. Dib. 336.

6 Arrancada de la barra con dos brazos sin impulso de las piernas. Se efectúa estando de costado a la barra. Dib. 337.

7 Juntar los brazos rectos hacia adelante sujetando un amortiguador de goma. Se efectúa desde la posición de pie y sentado con las piernas separadas a nivel de anchura de los hombros; los amortiguadores sujetos con los brazos colocados hacia atrás. Dib. 338.

8 De cara hacia la dirección del lanzamiento, las piernas separadas a nivel de anchura de los hombros; el disco se mantiene en el brazo bajado libremente. Balanceos adelante y atrás con el brazo sujetando el disco. Dib. 339.

9 Las plantas de los pies se sitúan sobre una línea en dirección al lanzamiento y un poco más separados que la anchura de los hombros. El lanzamiento se realiza estando de cara hacia la dirección del mismo. Dib. 340.

10 La posición inicial es igual que durante el lanzamiento del disco. El brazo derecho se apoya sobre la pelvis, el brazo izquierdo, doblado por la articulación cubital, sube hacia arriba-atrás. Avanzando y girando la pierna derecha y pelvis simultáneamente el lanzador se gira a sí mismo hacia la derecha. El brazo derecho ayuda al giro de la pelvis. Dib. 341.

11 La posición inicial es igual que en el ejercicio anterior. El lanzamiento desde el mismo sitio utilizando en vez del disco un palo, goma, etc. Durante la ejecución del ejercicio tratar de golpear algún objeto. Dib. 342.

12 De cara a las espalderas con una separación de éstas de 1,5 m, flexionar el cuerpo cogiendo con el brazo izquierdo la barra en el nivel del hombro izquierdo; el brazo derecho se coloca detrás del cuerpo, la rodilla de la pierna derecha está elevada hacia adelante. Empujándose con la pierna izquierda, girar la planta de pie de la pierna derecha hacia dentro, moviendo la pelvis hacia adelante-derecha. Tratar de no volver los hombros. Con el impulso de la pierna derecha retornar a la posición inicial. Dib. 343.

13 El mismo ejercicio que el anterior, pero sin apoyo sobre las espalderas. Dib. 344.

14 De espaldas hacia la dirección de lanzamiento, entrada al giro y colocación de la pierna derecha sobre el suelo sin separar la izquierda del mismo. La pierna derecha se coloca sobre la parte delantera de la planta del pie en el centro del círculo. Empujándose con la pierna derecha regresar a la posición inicial. Dib. 345.

15 El mismo ejercicio que el anterior, pero se efectúa con separación de la pierna izquierda del suelo. Dib. 346.

16 El mismo ejercicio que el anterior, pero se realiza el giro completo hasta la posición inicial para coger el esfuerzo final. Dib. 347.

17 De pie con la pierna derecha adelantada, la izquierda se sitúa detrás, los brazos está sujetando el peso colocado sobre un rodillo. Movimiento de los brazos hacia atrás arrastrando el peso. Se realiza 2-3 serie con 5-8 repeticiones en cada una. El movimiento hacia atrás se efectúa lentamente, hacia adelante, rápido. Dib. 348.

18 Apoyo atrás sobre el banco gimnástico. Flexionar y estirar los brazos. Repetir 10-25 veces. Dib. 349.

19 Tumbado sobre el banco gimnástico (inclinado) boca abajo, sujetar con los brazos la barra de pesas. Acercar la barra hacia el pecho. Dib. 350.

20 Tumbado sobre un banco inclinado sujetarse sobre la barra de espalderas y mantener el peso de 2-5 kg con las piernas. Subir rápidamente las piernas, bajarlas lentamente. Realizar 2-3 series de 5-12 repeticiones. Dib. 351.

21 Tumbado de costado sobre el caballo gimnástico, realizar giros del tronco hacia la derecha e izquierda. Repetir 6-10 veces a cada lado. Dib. 352.

22 Piernas separadas lateralmente y brazos laterales manteniendo el peso de 2-9 kg. Efectuar una flexión, luego girar el tronco hacia un lado. Repetir 8-12 veces. Dib. 353.

23 Sentado sobre el suelo (sobre el banco gimnástico) y manteniendo en los brazos estirados el disco de pesas de 2-8 kg, realizar los giros del tronco a la derecha e izquierda, repitiendo 8-15 veces a cada lado. Dib. 354.

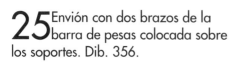

24 Arrancada flexionando profundamente las piernas. Dib. 355.

25 Envión con dos brazos de la barra de pesas colocada sobre los soportes. Dib. 356.

Ejercicios isométricos

1 De cara hacia la barra fija situada en el nivel de los codos, realizar presa palmar. Apretar con los brazos hacia arriba. Realizar 2-3 series. Dib. 357.

2 Estando de espaldas a la barra fija situada en el nivel de la cintura, presionar con los brazos hacia atrás-arriba. Dib. 358.

3 Agarrarse con ambas manos a la barra fija situada en el nivel del pecho. Coger la barra con brazos rectos (presa palmar) y efectuar la presión de los brazos hacia abajo. Dib. 359.

4 Agarrarse con ambas manos a la barra fija situada al nivel del pecho. Coger la barra con brazos rectos (presa cubital) y efectuar la presión de los brazos hacia arriba. Dib. 360.

5 Tumbado sobre la espalda, subir el tronco y brazos rectos; los brazos deben mantenerse estirados hacia adelante. Fijar la posición. Dib. 361.

6 Sentado sobre la mesa gimnástica o el banco gimnástico alto, el apoyo de los brazos atrás, presionar con los talones la pata del banco. Dib. 362.

7 Tumbado sobre la espalda en el banco gimnástico sujetando la barra situada en el nivel del pecho, presionar con los brazos hacia arriba. Dib. 363.

8 De pie con las piernas semidobladas y apoyándose con los brazos sobre la barra, presionar con los brazos hacia arriba. Dib. 364.

9 Postura como en la posición final del lanzador del disco con apoyo del brazo izquierdo hacia la pared. Estiramiento de los músculos pectorales. Dib. 365.

10 De pie de espaldas hacia la barra fija situada un poco más abajo que el nivel de los hombros. Colocar lateralmente los brazos rectos sobre la barra y empujarla hacia adelante. Dib. 366.

11 Con presa palmar sobre la barra tirar con el brazo derecho hacia arriba y con el izquierdo presionar hacia abajo. Dib. 367.

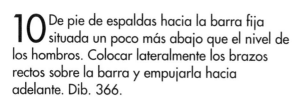

12 Tumbado sobre el banco gimnástico boca abajo con los brazos estirados a lo largo del cuerpo, mantener el tronco en la posición horizontal e inclinada. Dib. 368.

EJERCICIOS DE INICIACIÓN Y ESPECÍFICOS PARA LOS LANZADORES DE PESO

EJERCICIOS DE INICIACIÓN DIRIGIDOS A LA ASIMILACIÓN DE LA TÉCNICA DEL LANZAMIENTO DE PESO

1 Malabarismo con el peso. Dib. 369.

2 Lanzamientos y recogidas del peso con un brazo. Dib. 370.

3 Lanzamiento cortos del peso de un brazo al otro. Piernas separadas a nivel de la anchura de los hombros, el peso se coloca en un brazo estirado lateralmente. Pasando el peso encima de la cabeza, lanzarlo al otro brazo. Dib. 371.

4 Lanzamiento del peso desde detrás de la cabeza hacia adelante. Las piernas separadas a nivel de la anchura de los hombros, el peso es llevado por detrás de la cabeza. Dib. 372.

5 Empujar el peso desde el pecho con dos brazos. Con las piernas separada a nivel de la anchura de los hombros; el peso se mantiene delante del pecho con los brazos doblados. Estirando los brazos expulsar el peso hacia adelante-arriba. Dib. 373.

6 Sacar bruscamente el muslo hacia adelante. Con un estiramiento de la pierna derecha girar hacia la dirección del lanzamiento. Dib. 374.

7 Expulsar el peso con el esfuerzo de la mano. Se efectúa desde la posición con las piernas separadas en el plano anteroposterior, estando de cara hacia la dirección del movimiento, el brazo con el peso extendido hacia adelante. Dib. 375.

8 Imitación del lanzamiento del peso desde el mismo sitio y con el salto, pero sin la ejecución del movimiento del brazo. Dib. 376.

9 Durante el lanzamiento del peso desde el mismo sitio se puede lanzar el peso. Dib. 377.

10 Lanzamiento de un tronco. Se efectúa desde la posición de pie de cara hacia la dirección del lanzamiento. Un extremo del tronco se apoya sobre los dedos del brazo derecho, el otro extremo se mantiene con el brazo izquierdo. Dib. 378.

EJERCICIOS ESPECÍFICOS PARA LANZADORES DE PESO

Ejercicios para el desarrollo de la fuerza

1 Ejercicios clásicos con la barra de discos: arrancada, envión, elevación a fuerza. Los ejercicios se efectúan a ritmo rápido con uno y dos brazos. Dib. 379 A,B,C,D.

2 Elevación a fuerza con dos brazos. El ejercicio se efectúa sobre un banco gimnástico. Dib. 380.

3 Rotación de la barra de discos con dos brazos. De pie con las piernas separadas a nivel de la anchura de los hombros, la barra de pesas se coloca verticalmente delante del pecho, los brazos están doblados por las articulaciones cubitales y la presa muy junta. Haciendo el esfuerzo con los brazos, girar la barra hasta la horizontal hacia la derecha e izquierda. Repetir el mismo ejercicio sosteniendo la barra sobre los brazos estirados. Dib. 381.

4 Separación de la barra con un brazo. De pie con las piernas separadas a nivel de la anchura de los hombros, la barra de pesas se coloca verticalmente delante del pecho, los brazos están doblados por las articulaciones cubitales y la presa muy junta. Contando 1 separar la barra hacia la derecha con un brazo; contando 2, adoptar la posición inicial. Repetir el mismo movimiento hacia la izquierda. Dib. 382.

5 Lanzamientos cortos de la barra un brazo hacia el otro. De pie con las piernas separadas a nivel de la anchura de los hombros, la barra se mantiene horizontalmente en el brazo derecho separado lateralmente. Contando 1 lanzar la barra por encima de la cabeza al brazo izquierdo; contando 2, retornar a la posición inicial. Dib. 383.

6 Con las piernas separadas, la barra de pesas se sostiene sobre los hombros y los brazos se colocan sobre los discos de la barra por encima de ésta. Efectuar flexión de una pierna pasando el peso sobre ésta y manteniendo la otra estirada. Lo mismo se efectúa al otro lado. Dib. 384.

7 Subir sobre media punta sosteniendo el peso de la barra. El ejercicio se efectúa desde la siguiente de pie sobre una superficie elevada con apoyo sólo sobre media punta y con la barra colocada sobre los hombros. Dib. 385.

8 Flexión y extensión de los brazos sujetando la barra de pesas. El ejercicio se efectúa con las presas palmar y cubital. Dib. 386.

9 Elevación de la barra de discos sobre brazos rectos estando tumbado sobre el suelo sujetando la barra de pesas con los brazos rectos estirados detrás de la cabeza. Dib. 387.

10 Efectuar el paso desde el fondo hacia adelante manteniendo la barra. Se realiza desde la posición inicial con la barra de discos sobre los hombros. Se efectúa un paso amplio hacia adelante con la pierna derecha doblándola profundamente por la rodilla. Repetir lo mismo con la pierna izquierda. Dib. 388.

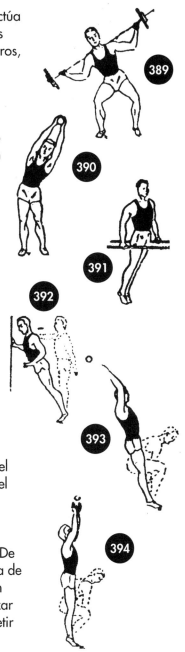

11 flexiones con la barra de pesas. Se efectúa desde la posición inicial con las piernas separadas a nivel de la anchura de los hombros, rodillas semidobladas y la barra mantenida sobre los hombros. Se realiza a la derecha, izquierda y adelante. Dib. 389.

12 El mismo ejercicio que el anterior, pero con las piernas rectas y sosteniendo un peso, piedra, etc. Dib. 390.

13 En apoyo sobre las paralelas realizar "pasos" con los brazos avanzando hacia adelante. Dib. 391.

14 Empujarse con el brazo sobre la pared. Estando de cara a la pared con una separación de ésta a una distancia de un paso, apoyar el brazo sobre la pared, pasar el peso sobre el brazo de apoyo inclinando simultáneamente el cuerpo y, extendiéndolo, empujarse rápidamente. Dib. 392.

15 Lanzamiento del peso con dos brazos hacia atrás por encima de la cabeza. Manteniendo la espalda hacia la dirección del lanzamiento con las piernas separadas a nivel de la anchura de los hombros. Dib. 393.

16 Lanzamiento del peso con dos brazos hacia adelante-arriba y hacia arriba. De pie, las piernas separadas a nivel de anchura de los hombros, llevar el peso hacia abajo y con posterior enderezamiento de las piernas lanzar el peso hacia adelante-arriba. Lo mismo repetir con el lanzamiento hacia arriba. Dib. 394.

17 De pie, las piernas separadas a nivel de la anchura de los hombros, doblar y extender las manos por las articulaciones radiocarpianas manteniendo las pesas (de 2-12 kg). Efectuar en 3 series con 10-15 repeticiones en cada una. La ejecución del ejercicio es a ritmo lento. Dib. 395.

18 Apoyándose sobre la mesa con brazos rectos, flexión y extensión de las manos. Realizar en 2 series con 10-15 repeticiones en cada una en ritmo lento. Dib. 396.

19 De pie, las piernas separadas a nivel de la anchura de los hombros, enrollar sobre un palo el peso de 24-32 kg sujeto con una cuerda. Se efectúan 3 series con 5 repeticiones en cada una en ritmo lento. Dib. 397.

20 De pie, las piernas separadas a un nivel que supera un poco la anchura de los hombros, coger la barra con presa palmar. Imitar los movimientos de los brazos de piragüismo. Efectuar en ritmo lento 2 series con 10 repeticiones en cada una. Dib. 398.

21 Piernas separadas lateralmente, el peso se mantiene en el brazo derecho (izquierdo). Lanzamiento del peso de un brazo al otro con su rotación en círculo. Se efectúa 10-15 veces en cada dirección. El ritmo del ejercicio es mediano. Dib. 399.

22 De pie con las piernas separadas lateralmente y los brazos doblados por las articulaciones cubitales con los codos apartados a los lados, sujetar los pesos, subir y bajar los pesos. Realizar 2 series con 15 repeticiones en cada una. Efectuar a ritmo mediano. Dib. 400.

23 De pie con las piernas separadas lateralmente, lanzar el peso de una mano a la otra por delante del pecho. Realizar 15 veces. Efectuar a ritmo mediano. Dib. 401.

24 De pie con las piernas separadas lateralmente, lanzar el peso y cogerlo con la presa cubital. Repetir en 3 series de 10 repeticiones en cada una. Dib. 402.

25 El compañero aguanta los muslos del deportista en posición de apoyo. Empujarse con los brazos. Repetir 10 veces. Dib. 403.

26 De pie con piernas separadas lateralmente, con presa cubital sujetar el peso de 16-32 kg. Doblar y estirar el brazo. Repetir con cada brazo en 2 series de 10 repeticiones cada una. El ritmo de ejecución es lento. Dib. 404.

27 Tumbado boca arriba sobre el banco gimnástico (mesa gimnástica), subir el peso de 15-20 kg desde por detrás de la cabeza hacia arriba. Efectuar 2-3 series con 8-10 repeticiones cada una. El ritmo de ejecución es mediano. Dib. 405.

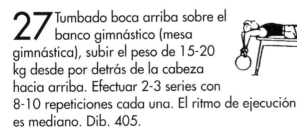

28 Tumbado sobre la espalda con los brazos rectos. Efectuar presa palmar de la barra inferior de las espalderas. Subir y bajar las piernas. Se realiza en 2 series de 10 repeticiones cada una. Dib. 406.

29 Sentado sobre el caballo gimnástico, llevar los brazos sujetando la pelota medicinal de 1-3 kg o el disco de 15-20 kg detrás de la cabeza. Flexión y extensión del tronco. Se efectúa en 2 series de 5 repeticiones en cada una. El ritmo de ejecución es lento y mediano. Dib. 407.

30 Saltos desde el mismo sitio de espalda hacia atrás. El impulso se realiza con las dos piernas. Repetir 10 veces. Se efectúa a ritmo rápido. Dib. 408.

31 Saltos desde el mismo sitio de espaldas hacia atrás con impulso de la pierna derecha y balanceo de la izquierda. Repetir 10-15 veces. Se efectúa a ritmo rápido. Dib. 409.

32 Estando de costado por el lado izquierdo a la barra (de 50 cm y más de altura) efectuar el salto por encima de ésta con impulso de dos piernas. Después de cada 2-3 salto subir la barra unos 10 cm. Dib. 410.

33 Partiendo de la misma posición que en el lanzamiento de peso desde el mismo sitio, el peso del cuerpo se centra sobre la pierna derecha, la mano derecha sujeta la pesa de 15-24 kg. Saltos hacia arriba. Realizar 3 series de 5-8 repeticiones cada una. Se efectúa a ritmo rápido. Dib. 411.

34 En paso muy fondo sobre el banco gimnástico manteniendo en los brazos las pesas de 16-24 kg, mantener el cuerpo verticalmente. Realizar movimientos oscilatorios hacia arriba-abajo. Realizar 3 series de 15-20 repeticiones cada una. Dib. 412.

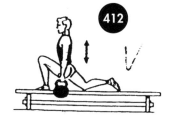

35 Partiendo de espagat incompleto sobre el banco gimnástico, mantener en las manos las pesas de 8-10 kg y realizar movimientos oscilatorios suaves hacia arriba-abajo. Efectuar 3 series de 15-20 repeticiones cada una. Dib. 413.

36 Piernas separadas lateralmente con mucha amplitud sosteniendo la barra de discos sobre los hombros, doblar la pierna izquierda (la derecha en este caso se endereza completamente), y sin subir pasar el peso del cuerpo sobre la pierna derecha, el tronco se sitúa verticalmente. Se efectúan 4-5 series con 8-10 repeticiones cada una. Dib. 414.

EJERCICIOS DE INICIACIÓN Y ESPECÍFICOS PARA LOS LANZAMIENTOS DE MARTILLO

EJERCICIOS DE INICIACIÓN DIRIGIDOS A LA ASIMILACIÓN DE LA TÉCNICA DE LANZAMIENTO DEL MARTILLO

1 Rotación de la pesa con uno y dos brazos. De pie con las piernas separadas a nivel de la anchura de los hombros. Los movimientos se efectúan con el estiramiento máximo de los brazos a la derecha y por delante del cuerpo con aumento de la velocidad. El peso de aparato es de 16-32 kg. Dib. 415.

2 Arrancar el peso con dos brazos con giro simultáneo alrededor del cuerpo hacia la izquierda desde la posición inicial con las piernas separadas a nivel de la anchura de un pie. Los brazos cogen al peso como al martillo. Dib. 416.

3 Giros con el peso imitando los movimientos de rotación con el martillo en la posición inicial, con las piernas separadas a nivel de la anchura de los hombros. Los ejercicios se efectúan sobre el suelo liso, asfalto o tierra llana. Realizar varias series con 5-10 repeticiones cada una. El peso del aparato es de 16-32 kg. Dib. 417.

4 Rotación de dos martillos con dos brazos. El ejercicio se efectúa con gran amplitud. El punto más bajo de la trayectoria de los aparatos está a la derecha. Las piernas permanecen dobladas. Dib. 418.

5 Rotación del martillo con un brazo (derecho e izquierdo). El ejercicio puede ser efectuado con diferente velocidad y con las piernas semidobladas, dobladas y dobladas profundamente. Dib. 419.

6 Pasos hacia adelante y atrás con rotación del martillo a la derecha e izquierda alternativamente. Dib. 420.

7 Flexionar las piernas con rotación del martillo permanente. El ejercicio se efectúa a ritmo lento: durante 3-5 seg se realiza la flexión y durante 3-5 seg, la extensión de las piernas. Dib. 421.

8 Rotación del martillo con uno o dos brazos en posición de apoyo sobre una pierna (alternar las piernas). La pierna libre se mueve hacia los lados doblándose y extendiéndose en las articulaciones de rodilla y talocrurales, ayudando de este modo a mantener el equilibrio. Dib. 422.

9 Giros con dos martillos sujetos en ambas manos. Los giros se realizan con piernas semidobladas sobre la planta del pie, pasando el apoyo del talón a la punta del pie y manteniendo los brazos rectos. La velocidad de giros es distinta. Dib. 423.

EJERCICIOS ESPECÍFICOS DE LANZADOR DE MARTILLO

1 Arrancada de la barra de discos con dos brazos desde la posición inicial con las piernas separadas a nivel de la anchura de los hombros. La barra se coge con las manos situados bastante cerca una de la otra. Es más conveniente subir la barra con brazos rectos y sin la flexión previa de la pierna. Dib. 424.

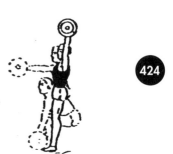

2 Arrancada de la barra con un brazo (derecho e izquierdo) desde la posición con piernas separadas lateralmente y dobladas. La barra se eleva hasta el enderezamiento completo de las pierna y subida sobre la media punta de los pies. Dib. 425.

3 Lanzamientos de la barra de discos desde abajo hacia adelante-arriba desde la posición inicial con las piernas separadas a nivel de anchura de los hombros y la barra cogida con las manos situadas bastante cerca una de la otra. Se puede lanzar la barra a un foso con arena o en pareja, cuando un compañero coge en vuelo la barra lanzada por otro deportista. Dib. 426.

4 Lanzamiento de la barra hacia atrás por encima de la cabeza desde la posición inicial con las piernas separadas a nivel de la anchura de los hombros. El lanzamiento se realiza con brazos rectos con una fuerte flexión hacia atrás y un enderezamiento completo de las piernas. Dib. 427.

5 Saltitos con la barra de pesas elevada hacia arriba con brazos rectos. Dib. 428.

6 Lanzamiento con dos brazos de peso (hasta 32 kg), pelota medicinal, etc. por encima del hombro. Las piernas están separadas a nivel de la anchura de los hombros, los brazos con el aparato se mantienen cerca del muslo derecho. Los lanzamientos se realizan con el trayecto del ángulo de 30-50° con brazos rectos. Dib. 429.

7 Malabarismo con el peso. Girar el peso hacia sí con la mano derecha e izquierda. Con las piernas separadas lateralmente a nivel de la anchura de los hombros, coger con la mano el asa del peso. Durante la ejecución del malabarismo del peso (de 16-32 kg) el deportista puede realizar uno o dos giros. Dib. 430.

8 Marcha con pasos a fondo manteniendo al compañero sentado sobre los hombros. Tratar de efectuar los pasos anchos, manteniendo el cuerpo recto. Dib. 431.

9 Flexiones hacia adelante estando dos deportistas en posición de pie de espaldas uno al otro con los brazos elevados hacia arriba y juntadas. Durante la flexión hacia adelante de uno de los deportistas, el otro debe extender la espalda y relajarse. Dib. 432.

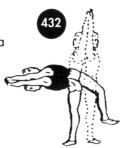

BIBLIOGRAFÍA

1. Bernshtein N.A. Notas sobre la fisiología de movimientos y fisiología de la actividad. - M.: Medicina, 1966.
2. Bulatova M.M. Optimización del proceso de entrenamiento en base al estudio de la potencia y economía del sistema de abastecimiento enérgico de los deportistas (sobre los materiales de ciclismo). Autoepítome. - K: - 1984.
3. Verkhoshansky Yu.V. Bases de la preparación física especial de los deportistas. - M.: Fiscultura y sport. 1988.
4. Bystavkin N.I., Sinitsky Z.P. Ejercicios especiales de los atletas. - M: Fiscultura y sport. 1966.
5. Gollnik F.D., Germansen L. Adaptación biológica y ejercicios: metabolismo anaeróbico. Ciencia y deporte. - M.: Progress, 1982.
6. Guzhalovsky A.A. Bases de la teoría y metodología de la cultura física: Manual. - M.: Fiscultura y sport. 1986.
7. Demin P.S. Ejercicios preparatorios y especiales en el atletismo. - M.: Sovetskaya Rossiya. 1964.
8. Zatsiorsky V.M. Cualidades físicas del deportista. - M.: Fiscultura y sport. 1980.
9. Keller V.S. Sistema de competiciones y actividad competitiva de los deportistas. K.: Vischa shkola. 1987.
10. Kots Ya.M. Bases fisiológicos de las cualidades físicas (motoras). Fisiología deportiva. - M.: Fiscultura y sport. 1986.
11. Kreer V.A. Popov V.B. Saltos de atletismo. - M.: Fiscultura y sport. 1986.
12. Liakh V.I. Capacidades de coordinación de los escolares. - Minsk.: Polynmia, 1989.
13. Mischenko V.S. Posibilidades funcionales de los deportistas. - K.: Zdorovia. 1990.

14. Pekhtl V. Bases y métodos del entrenamiento de la flexibilidad. - M.: Fiscultura y sport. 1971.
15. Platonov V.N. Entrenamiento deportivo moderno. - K.: Zdorovia. 1980.
16. Platonov V.N., Bulatova M.M. Capacidades de velocidad de los deportista y metodología de su desarrollo. - K.: KGIFK. 1992.
17. Platonov V.N., Bulatova M.M. Preparación de fuerza del deportista. (Parte I). - K.: KGIFK. 1992.
18. Platonov V.N., Bulatova M.M. Preparación de fuerza del deportista. (Parte II). - K.: KGIFK. 1992.
19. Platonov V.N., Bulatova M.M. Preparación de fuerza del deportista. (Parte III). - K.: KGIFK. 1992.
20. Platonov V.N., Bulatova M.M. Resistencia del deportista y metodología de su perfeccionamiento. (Parte II). - K.: KGIFK. 1992.
21. Platonov V.N., Bulatova M.M. Flexibilidad de deportista y metodología de su perfeccionamiento. - K.: KGIFK. 1992.
22. Platonov V.N., Bulatova M.M. Coordinación del deportista y metodología de su perfeccionamiento. - K.: KGIFK. 1992.
23. Puni A.Ts. Problema de personalidad en el psicología del deporte. - M.: 1980.
24. Sergeev Yu.P., Yazvikov V.V. Características morfofuncionales de las fibras esqueléticas y musculares de los músculos mixtos del esqueleto del deportista en condiciones de las cargas físicas inadecuadas al genotipo. Tartu. 1984.
25. Sermeev B.V. Flexibilidad del deportista. - M.: Fiscultura y sport. 1970.
26. Serveev B.V. Sobre el desarrollo de la flexibilidad para los deportistas. - M.: Fiscultura y sport. 1970.
27. Ter-Ovanesian A.A. Ter-Ovanesian I.A. Pedagogía del deporte. - K.: Zdorovia. 1986.
28. Filin V.P., Fomin N.A. Bases del deporte juvenil. - M.: Fiscultura y sport. 1980.
29. Jartman Yu, Tiunnemann J. Entrenamiento de fuerza moderno. - Berlín: Shportferlag. 1988.
30. Tszen N.B., Pajomov Yu.V. Juegos psicotécnicos en deporte. - M.: Fiscultura y sport. 1985.
31. Shapkova L.B. Métodos modernos del entrenamiento deportivo. Leningrado. 1991.

32. Atha S. Strengthening muscle. Exercise and sport sciences reviews. - 1981. - V. 9.
33. Bosko K. Physiological considerations of strength and explosive power and jumping drills. Conference 82 Proceedings - Planning for Elite Performance, Aug. 1-5, 1982, Ottawa, Canada, CTFA.
34. Gambetta V. Principles of plyometric training. - Track Technique, Fall 1987, USA.
35. Graverrs E., Pollock L., Jones E,. Colvin B, Legget H. Specificity of limited range of notion veriable resistance training. - Medicine and Science in Sports and Exercise. - 1989. V. 21 - Nº 1.
36. Häkkinen K., Komi P.B., Kuhanen H. Scientific evaluation of specific loading of the knee extensors with variable resistance "izokinetic" and barbile exercises. - Department of Biology of Physical Activity, University of Juväskyla. 1988.
37. Häkkinen K. Neuromuscular and hormonal adaptations during strength and power training: A review. - The Journal of Sports Medicine and Physical Fitness (Italy). - 1989. - V. 29. Nº 1.
38. Hollmann W., hettinger T. Sport Medizin Arbeite und Trainingsrunlager. - Stuttgart - New york. 1980.
39. Prampero P.E., limas F.P., Sassi C. Maximal muscular power aerobic and anaerobic in 116 atheles performing at the Olimnic Games in Mexico. - Ergonomics. - 1980.
40. Rogers B.I., Drowatzky J.N., Armstrong C.A., Greninger I.D. & Norse D.I. The comparative effect of combining two types of training theories and training apparati on strength, girht and range of motion development of cervical spine and shoulder elevator musculature. - Paper to the AAPHERD Convention. - April 10-15, Detroit, 1980 (In Abstract, AAPHERD, P.O. Box 870, Lanham, M.D. 20801).
41. Sale D.G. Neural adaptation to resistance training. - Medicine and Science in Sports and Exercise. - 1988. - S. 20 - Nº 5